管理学学术前沿书系

ZHONGUO QIYE JISHU HUOQU TISHENG
CHUANGXIN JIXIAO DE JIZHI YANJIU

中国企业技术获取提升创新绩效的机制研究

李 新 著

经济日报出版社

图书在版编目（CIP）数据

中国企业技术获取提升创新绩效的机制研究 / 李新著. — 北京：经济日报出版社，2020.2

ISBN 978—7—5196—0657—2

Ⅰ. ①中… Ⅱ. ①李… Ⅲ. ①企业创新—企业绩效—研究—中国 Ⅳ. ①F279.23

中国版本图书馆 CIP 数据核字（2020）第 018768 号

中国企业技术获取提升创新绩效的机制研究

作　　者	李　新
责任编辑	林　珏
责任校对	李艳春
出版发行	经济日报出版社
地　　址	北京市西城区白纸坊东街 2 号 A 座综合楼 710（邮政编码：100054）
电　　话	010—63567684（总编室）
	010—63584556　63567691（财经编辑部）
	010—63567687（企业与企业家史编辑部）
	010—63567683（经济与管理学术编辑部）
	010—63538621　63567692（发行部）
网　　址	www.edpbook.com.cn
E — mail	edpbook@126.com
经　　销	全国新华书店
印　　刷	北京九州迅驰传媒文化有限公司
开　　本	710×1000 毫米　1/16
印　　张	12.75
字　　数	195 千字
版　　次	2020 年 2 月第一版
印　　次	2020 年 2 月第一次印刷
书　　号	ISBN 978—7—5196—0657—2
定　　价	42.00 元

前　言

技术获取是企业技术创新战略的重要组成部分，也是提升企业创新绩效的有效手段。中国正处于经济转型和技术赶超的关键时期，党的十九届四中全会指出，要加快建设创新型国家，强化国家战略科技力量，要建立以企业为主体、市场为导向、产学研深度融合的技术创新体系。在全球化与知识经济背景下，企业作为国家创新系统中的核心主体，在技术创新过程中合理利用内外部技术，进行外部技术二次创新和技术整合，实现技术水平和创新绩效的显著提升尤为重要。国内外学者关于企业技术获取，尤其是外部技术获取对创新绩效的影响已作了一些有益研究，但现有研究多只涉及企业技术获取提升创新绩效的某一特性问题，对企业技术获取提升创新绩效机制的系统研究仍欠缺完整性。为从理论上解决企业技术获取提升创新绩效机制研究的系统性问题，同时为我国企业技术获取战略制定提供现实意义上的参考，本书基于系统性构建企业技术获取提升创新绩效的机制，进一步对这一机制的输入、处理、运行、输出和反馈进行具体研究，提出保障企业技术获取提升创新绩效机制实现的针对性建议。本书的主要研究内容有：

第一，构建企业技术获取提升创新绩效的机制研究框架。在对企业技术获取提升创新绩效的相关概念梳理、界定的基础上，基于系统观分析企业技术获取提升创新绩效机制的全过程及系统特性，完成企业技术获取提升创新绩效机制的构建。按照机制输入、处理、运行、输出和反馈的逻辑过程，确定具体研究内容，对应输入过程，研究技术源选择问题；对应处理过程，研究技术源协同问题；对应运行过程，研究路径传导问题；对应输出和反馈过程，研究风险预警问题。

第二，分析企业技术获取提升创新绩效的技术源选择。确定技术源组成结构，明确企业主要技术来源：内部技术源、外部技术源、外部技术二次创新。进一步对企业技术获取系统的耗散性特征进行分析，并利用 Brusselator 模型的经济学转译描述和验证中国企业技术获取系统的耗散结构，解决技术源选择的前提基础问题。最后借助刺激——反应模型刻画企业内外部技术源选择和进行技术整合的过程。

第三，分析企业技术获取提升创新绩效的技术源协同。在明确企业技术获取提升创新绩效技术源协同主体角色定位的基础上，就企业技术获取中以企业为中心的官产学研合作模式进行分析，对其技术源协同机理进行剖析，构建企业技术获取提升创新绩效的技术源协同度测度模型，以中国规模以上工业企业为实证样本，进行技术源协同度测度，并进一步验证企业技术源协同与不同类型创新绩效间的因果关系。

第四，分析企业技术获取提升创新绩效的路径传导。在对企业技术获取提升创新绩效的逻辑顺序进行分析的基础上，对其中的关键节点——企业技术进步进行研究。基于对企业技术进步的概念界定和测度，以技术进步为中间节点描述企业技术获取提升创新绩效的路径传导过程。将企业技术进步视为中介变量，技术获取视为前因变量，创新绩效视为因变量，运用面板数据模型对技术进步的中介效应进行检验，对比分析中国东、中、西部地区企业技术获取提升创新绩效传导路径的共性和差异。

第五，分析企业技术获取提升创新绩效的风险预警。在对企业技术获取提升创新绩效的风险进行识别的基础上，凝练出中国企业在这一过程中面临的主要风险：技术封闭风险、技术依赖风险和技术结构风险。对技术风险及其演化进行识别，以集对分析和模糊集理论为基础，分析中国规模以上工业企业技术获取提升创新绩效的风险预警全过程，以凝练预警信息，完成风险规避。

第六，为中国企业技术获取提升创新绩效机制的实现提出针对性保障措施。在对机制的输入、处理、运行、输出和反馈问题进行具体研究的基础上，分别提出针对中国企业技术获取系统耗散结构、技术源选择过程、技术源协同发展、技术源协同与创新绩效互动关系、路径节点、完整路径、技术封闭风险规避、技术依赖风险规避、技术结构风险规避实现的具体措施。

本书的完成受益于黑龙江省青年科学基金（QC2018086）和中央高校

基本科研业务经费专项资金（2572015BX10）的资助。本书的写作过程中，哈尔滨工程大学的李柏洲教授对全文逻辑脉络和研究框架给予了诸多有益建议，对机制的系统化研究提出了关键建设性改进措施；苏屹教授帮助作者对企业技术获取系统耗散结构的研究进行了梳理。但仍需指出的是，企业技术获取提升创新绩效的机制研究除去本书所涉及的输入、处理、运行、输出和反馈外，还包括很多其他问题。日后的研究需对这些问题，如激励、控制、利益分配等进行更为全面具体的研究。同时受限于作者的学术水平和研究时间，书中不免仍有一些错误和问题，恳请各位读者批评指正。

著 者

2019 年 11 月

目　录

第 1 章　绪　　论

1.1 研究背景、目的及意义

1.1.1 研究背景

在经济与科技全球化的时代，各区域、国家，甚至是各洲之间的物质信息交流日益密切，人才、知识、技术和资金的交互流动凸显出明显的跨时间和空间特征。在经济形态上，知识的生产、转移、吸收和改造成为经济增长的根本源泉。经济合作与发展组织（OECD）将这种“直接依靠知识和信息的生产、调配和应用”的新兴经济模式定义为“知识经济”[1]。企业若要在全球化和知识经济大背景下拥有保障持续发展的核心竞争力，就必须提升技术创新水平，获得并掌握其他跟随企业难以模仿的核心技术。中国现阶段正处于经济转型和技术追赶的关键时期，提升企业技术创新能力和国家创新能力，激发亿万群众的创新活力尤为重要。为此，国务院办公厅在 2018 年 9 月印发《关于推动创新创业高质量发展打造“双创”升级版的意见》，对深入实施创新驱动发展战略，进一步激发市场活力和社会创造力提出了新要求。

1. 全球化与知识经济背景下的企业发展

在经济全球化背景下，地理区域与行业领域的组织边界逐渐弱化，企业在获取和调配资源时拥有的机遇更多，同时挑战也更大。企业面临的竞争对手更多更强，竞争方式也更为多样，这就迫使企业主动判断全球化背景下的区域资源成本差异和国际生产运营网络的分工优势，整合内外部资源，依据自身优势选择机会成本相对较低的工作来完成。也正因如此，全球范围内技术的研发与应用基本被北美和欧盟国家垄断；包括中国和一些东南亚发展中国家在内的第三世界国家则凭借廉价的人力资本优势成为了众多跨国公司的代工厂。不可否认，这种国际分工对发展中国家进行资本积累和实现经济快速发展具有一定贡献，但在知识经济背景下，企业发展的核心竞争力是技术创新能力。仅仅依靠土地、廉价劳动力等传统生产要素难以形成企业的竞争优势。任何一个企业或组织要在激烈的全球化竞争中长期生存并发展，就必须获得并实时更新知识和技术。著名科技信息咨询公司汤森路透（Thomson Reuters）公布的的“2018 年全球创新力 100 强公司”名单中仅有 7 家中国公司，而这份榜单中前十位中就有 8 家美国公司；进一步提升中国企业的科技创新能力和技术创新水平已显得尤为迫切。尽管中国目前已经是全球第二大经济体，但根据瑞士洛桑国际管理发展学院（IMD）发布的 2019 年国家竞争力排名，中国较之去年下滑 1 名，位列第 14 名。IMD 给出的中国最具吸引力的关键因素仍是熟练劳动力，同时指出中国进一步提高竞争力首先要依靠提高全要素生产率，促进高质量发展。由此可见，廉价劳动力在中国人口红利逐渐减少的背景下，支撑经济发展的能力已经减弱。

2. 技术获取是中国企业技术创新战略的重要组成部分

相关资料显示，2017 年中国规模以上工业企业 R&D 经费支出 12013 亿元，引进国外技术经费支出为 399 亿元，购买国内技术经费支出为 201 亿元，技术改造经费支出 3103 亿元。中国企业已经较为重视技术的内外部获取和整合。在知识经济和科技全球化背景下，技术是企业核心的战略资源，制定技术战略及其长远规划也成为企业需考虑的问题之一。技术获取是企业技术创新战略中的基础性工作，其目的是解决企业技术来源问题。企业为获得持续的竞争优势和实现经济增长方式转变，必须制定针对性、个性化的技术发展战略，选择适合自身的技术获取方式[2]。企业在进行技术自主研发的同时，越来越多地开放组织边界，利用发达国家的技术转移获取先进技术；并通过国内技术交流平衡区域技术势差[3]。这就使包括我国在内的诸多国家形成了多样化的技术获取模式。

3. 企业创新绩效是区域和国家创新能力的关键所在

企业作为区域和国家创新系统中主要的盈利性主体，其创新战略决策会直接影响区域创新行为及国家长远发展[4]。区域创新能力和国家创新能力均是网络能力，但这种网络能力在知识循环中终于企业，通过企业的创新产出实现商业价值，进而在新的价值循环中又始于企业的创新投入，进行新一轮的知识创造[5]。企业在创新系统价值循环中扮演着中介者和转换者的重要角色，没有创新型企业支撑的创新系统不可能形成，更无法运行。以企业为中心，或者以企业及其他任一主体相结合为中心的区域创新主体运行机制是区域创新系统主体空间层面作用的主要形式[6-9]。企业的创新绩效对于区域和国家创新系统保持持续的竞争活力起到明显的支撑和促进作用。企业出于利益最大化原则而选择的创新活动和进行的创新行为，会持续推动其自身的创新绩效提升，进而成为区域和国家创新系统创新能力提升的重要自动力。在区域和国家创新系统的评价指标体系构成中，企业的创新绩效也都占到了举足轻重的位置[10-14]。企业创新绩效作为衡量企业创新能力的重要依据，也是衡量以企业为核心的区域和国家创新系统创新能力的关键所在。

4. 技术获取是企业提升创新绩效有效手段

研发资金投入与人力投入被普遍认为是影响企业创新绩效的主要方式[15-16]。但随着研究进展的不断深入，Erickson 和 Jacobson（1992）发现了研发资金投入与创新绩效间的非显著相关性[17]；我国学者曹兴和邱伟星（2019）发现由于一些中介变量的存在，如动态能力等，使得企业创新绩效不单单只受到 R&D 资金投入的影响[18]。因此除去研发资金投入与人力投入外的其他因素对企业创新绩效的影响逐渐受到重视，如研发投入结构、组织学习、知识产权、企业国际化等等，而引起最多关注的因素就是企业技术获取。企业技术获取，特别是外部技术获取能够显著影响企业创新绩效，不同技术获取模式对企业创新绩效的影响效果与程度也不尽相同[19]，这是由于外部技术获取源[20]，企业自身技术研发能力[21]，企业技术整合能力及技术二次创新能力等的差异引起的。企业内部技术自主研发作为企业保持自身技术核心竞争力的重要依仗方式，在企业技术战略决策中意义重大；而在自身技术资源不足时，越来越多的企业通过产学研合作等方式来获取新技术以取得技术资源，弥补自身技术水平缺口，缩短技术研发周期，降低技术成本和技术风险[22]。由此可见，企业内外部技术获取是企业提升创新绩效的有效手段。

综上，在全球化和知识经济背景下，技术获取是中国企业实现技术追赶和超越，提升自身技术创新水平和企业所处区域的创新能力的倚仗。本书建立了企业技术获取提升创新绩效的体机制框架，通过理论与实践相结合，定性与定量相结合等方法，较为全面地分析中国企业技术获取提升创新绩效机制的形成、处理、运行与风险规避过程，提出了相应的保障措施，为我国企业合理选择技术获取源，实现创新绩效提升提供决策参考。

1.1.2 研究的目的及意义

1.1.2.1 研究的目的

在全球化趋势愈加明显，国际竞争日趋激烈的背景下，通过多渠道获取技术，合理地利用并改造技术，进而实现创新绩效的提升和创新水平的提高是企业发展壮大和抢占全球竞争制高点的关键。为增强企业的核心竞争力与技术创新能力，本书构建了基于系统观的企业技术获取提升创新绩效的机制模型。旨在以探索中国企业技术获取提升创新绩效过程中的企业边界开放为出发点，研究企业技术源选择过程；并进一步分析企业技术源选择结果确定后的技术选择协同问题；然后判断并验证企业技术获取提升创新绩效的路径节点，给出企业技术获取提升创新绩效的具体传导路径；最后通过对该过程中可能存在的技术获取风险进行识别，完成企业技术获取提升创新绩效的风险预警，以期为我国企业技术获取模式选择和结构调整提供依据和参考。

1.1.2.2 研究的意义

本书对企业技术获取提升创新绩效的机制及机制的输入、处理、运行、输出和反馈进行了研究，具有重要的理论和现实意义。

（1）理论意义

企业的技术创新能力一直以来都是管理学界，尤其是技术创新领域关注的重点。企业技术获取提升创新绩效的机制问题是一个新颖而重要的课题。本书在界定企业技术获取和创新绩效内涵的基础上，构建基于系统理论的企业技术获取提升创新绩效的机制框架，并对该框架中的技术获源选择、技术源协同、路径传导、风险预警问题进行了具体分析。研究内容在一定程度上填补了企业技术获取系统性研究的空白，提出的观点与应用的方法具有创新性，拓宽了企业技术创新的研究视角和方法，完善了企业技术获取的相关理论。

（2）现实意义

知识经济时代，知识与技术已成为企业最为重要的战略资源，是企业获得竞争优势和实现可持续发展的基础。企业需根据自身情况选择适合企业发展的技术获取模式，实现技术获取对创新绩效的显著提升。探索企业技术获取提升创新绩效的机制，对提升中国企业技术水平和实现技术创新能力的提升具有重要作用。本书建立了完整的企业技术获取提升创新绩效的机制模型，通过理论与实践相结合，定性与定量相结合等方法，分析了企业技术源选择过程，描述了企业技术获取过程中的协同机理，验证了技术获取对创新绩效的传导路径，识别并预警了技术获取提升创新绩效的潜在风险；为中国企业合理选择技术源，理清技术获取提升创新绩效的作用路径，以及规避技术风险提供了借鉴和参考；为企业开展广泛有效的产学研合作，合理匹配和利用内外部技术，提升技术创新能力和水平增添了更为清晰的着力点，存在关键的现实意义。

1.2　国内外研究现状

1.2.1　企业技术获取的国内外研究现状

1.2.1.1　企业技术获取的概念与模式分类

技术是企业重要的战略资源，技术管理问题应上升到企业的战略管理高度[23]。企业应根据自身的特点、掌握的资源与所处的环境，制定相应的技术战略，选择正确的技术获取模式。国内外关于技术获取模式内涵的描述，多基于技术获取模式的分类进行。

Cassiman 等（2003）认为成功的创新取决于新知识在创新过程中的开发和集成。为了成功地创新，企业除了做自己的研究和开发，通常都从技术市场上获取技术，与其他企业、科研机构积极开展合作研发。Cho 和 Lee（2003）视企业技术获取行为中企业研发能力及参与程度为分类标准，认为企业技术获取模式包括内部研发、合作研发和外部购买；企业在内部研发中参与程度最高，合作研发次之，外部购买则最小[24]。Alp 等（1997）按照技术获取的时间顺序，将技术获取过程细分为技术的辨别、搜寻、评估和筛选四大阶段；同时也指出了技术获取得以实现的两种方式：利用企业自身力量自主研发，或通过技术转移获取[25]。Ford（1998）对技术获取模式的分类标准与 Cho 和 Lee 相似，但更为细致的将技术获取模式分为内部技术研发、合资公司、外部契约技术研发、技术授权和直接购买最终产品五种，企业的参与程度递减[26]。而对于企业，特别是自主创新能力不足的企业而言，通过外部技术获取短时间内缩小技术差距是企业技术战略上的捷径，很多企业已经将外部技术获取视为一种重要的创新方法[27]，因此相对内部技术获取，外部技术得到了学者们更为广泛的关注。Lambe 和 Spekman（1997）指出，并购技术持有企业、内部技术研发和组建技术联盟是企业技术获取的三种基本方式。若企业对技术需求迫切则倾向于组建技术联盟或并购；若产业、技术、环境的不确定性较强，则会诱导企业积极组建技术联盟而非直接并购其他企业；若企业技术吸收能力尚显薄弱，可以采取其他方式整合外部技术[28]。Gulati（1998）则指出若企业不具备效的技术消化能力，可寻求组建技术战略联盟以完成技术学习或取得互补性技术，实现对外部技术的逐步掌握[29]。Lieberman 和 Monigomery（1998）在研究企业不同外部技术的方式的基础上，指出在企业技术能力有限的条件下，尽量减少新产品生产和新工艺研发的前期投入，占领成形的技术市场是事半功倍的外部技术获取策略，因此针对竞争对手进行的模仿创新也是一种不错的选择[30]。

国内对技术获取模式的分类大抵相同。童书兴（2001）将中国企业技术获取划分为内部技术来源和外部技术来源两大类，特别指出对包括中国在内的发展中国家而言，获取国外技术是建立企业一级技术能力的重要手段，通过对发达国家的技术引进能够减少技术创新的时间成本和资金成本，并在解决技术多样化问题的同时加入国际分工和利用国际分工[31]。崔雪松和王玲（2005）认为企业技术获取方式首先包括内部获取和外部获取这 2 大类；而企业内部技术获取是指技术内部研发和内部整合，企业外部技术获取细分则更为复杂，具体有外包研发、合资、收购、技术许可和购买设备 5 种[32]。周小云和黄立峰（2004）基于制度分析的视角，对中小企业的外部技术进行了详细分析，指出这类企业完成技术获取可选择的模式有 4 种：技术联盟、政府主导的技术开发、技术股份公司和独立的技术开发公司[33]。

通过梳理国内外对企业技术获取概念及模式分类的研究，企业技术获取可理解为企业为追求技术能力提升和经济效益增长而进行的技术研发、合作、外包、引进和购买等技术创新行为。而技术获取模式的分类多从企业参与程度的视角进行，大致可分为两大类：内部获取和外部获取；其中外部技术获取从国别上划分主要是指国外技术引进与国内技术购买，从企业参与程度上分主要包括合作研发、外部契约研发、技术授权和直接购买最终产品或服务等。国内外研究关于技术获取模式分类的研究详见表1.1。

表1.1 国内外研究关于技术获取模式的分类

学者	技术获取模式分类	分类依据
Cho H D；Lee J K	内部研发、合作研发、外部购买	企业参与程度
Alp N；Alp B；Omurtag Y.	技术识别、技术寻找、技术评估、技术挑选	时间顺序
	自主研发、利用技术转移	企业参与程度
Ford D.	内部研发、合资公司、外部契约研发、技术授权、直接购买最终产品	企业参与程度
Lambe C J；Spekman R E	内部研发、并购、技术联盟	综合分析技术环境
童书兴	内部技术源、外部技术源	企业参与程度
崔雪松；王玲	内部获取；外部获取（外包研发、合资、收购、技术许可和购买设备）	企业参与程度
周小云；黄立峰	技术联盟、政府主导的技术开发、技术股份公司、独立的技术开发公司	技术制度

1.2.1.2 影响企业技术获取模式选择的因素

企业新产品开发和新工艺推广离不开技术的支持，技术获取模式的选择对企业技术创新活动显得尤为重要[34]。影响企业技术获取模式选择的因素主要包括：技术本身的禀赋与特点，即技术特性；企业的客观现实状态，即企业特性；企业所处的技术环境，即环境特性[35]。

1. 技术特性

技术特性主要包括技术生命周期和技术类型。

从技术生命周期的视角来看，技术的发展可分为技术孕育期、成长期、成熟期和衰退期四个阶段，其中衰退期较为特别，因为处于衰退期的技术已没有利用价值，因而基本不存在企业针对此类技术进行的技术获取行为。尽管学者们均认为在不同的技术生命周期应采取不同的技术获取策略，但具体方式却存在差异。Auster、Cainarea等（1992）认为企业会在技术孕育期选择技术合作研发，在成长期进行内部自主R&D活动，而在成熟期则更乐于直接购买承载有先进技术的产品或服务[36][37]。与之相似的，Tyler 和 Steensma（1995）也认为企业合作研发的积极性随着技术生命周期的不断发展演进而逐渐衰减[38]。Teece（1986）同样认可合作研发在技术尚未完全成型时作为企业技术获取重要手段的可行性，但认为合作研发实在技术孕育期、成长期均可选择的技术获取模式[39]。Ford（1998）的结论则更为不同，他认为在技术生命周期的孕育期企业是倾向于技术内部研发的，技术合作研发更适用于技术成长期，而技术购买显然适用于技术成熟期[26]。Wang 和 Seidle（2017）的研究则指出，需求异质性不仅在技术生命周期的不同阶段起作用，而且在由具有不同技术需求的用户组成的不同部门也起作用[40]。国内学者浦根祥（1998）的观点与 Ford、Croisier 等人相近，认为技术孕育阶段，技术具备研发成功的可能性，但不具备可直接使用的实际价值，因此购买技术、产品和服务都是不可实现的，唯有通过内外部研发获取；在技术成长阶段，才可能通过一些合理的外部技术获取模式来获取，并通过内部研发进行外部技术的消化吸收和改造；在技术成熟阶段，技术的研究价值已被最大化，使用价值也最高，技术许可和购买产品是可行的外部技术获取模式[41]。彭新敏和姚丽婷（2019）对后发企业的研究发现，在动态能力的支撑下，感知技术范式转变带来的机会窗口，并通过捕捉和重构能力整合企业内外部资源，实现了从初始追赶向行业前沿的跨越，企业需要根据机会窗口的性质促使动态能力由低阶到中阶再到高阶演化[42]。

由此可见，国内外关于技术生命周期对企业技术获取模式的影响分歧主要集中在技术孕育期与成长期的技术获取模式选择，而对技术成熟期的技术获取模式选择已达成一致。国内外学者关于技术生命周期对企业技术获取模式选择的影响基本可总结为：在技术孕育和成长期选择自主研发或合作研发；在技术成熟期选择外部技术购买或购买承载有外部技术的产品或服务。

从技术类型的视角来看，技术壁垒和技术风险是影响企业技术获取模式选择的主要因素。Chiesa 和 Manzini（1998）认为企业倾向于用自身力量研发容易产生技术壁垒的技术，寻找合作伙伴来共同分担风险不确定性较高或研发成本较高的技术，引进或收购需求紧迫性较高的技术[43]。Veugelesr 和 Cassiman（1999）也认为在高度的技术不确定环境下，企业会选择与技术合作方共同进行技术研发，以最高限度地避免高度技术不确定性带来的研发风险。因为企业不希望在技术研发过程中独自承担较大的资金风险和时间成本，这些具体原因的存在都会减少企业内部自主 R&D 的动力，使企业开放组织边界并寻求外部技术源补充[44]。

2. 企业特性

企业特性主要是指企业技术约束和技术需求迫切度。

技术约束包括企业在同领域中的技术地位，企业技术研发水平，技术经验积累，技术人才、设备存量、企业规模等。企业技术地位对技术获取模式的影响显而易见。Cho 和 Yu（2000）认为，企业在所属领域中处于技术领导地位时，更乐于选择技术的内部研发或是在合作研发中扮演主导角色；而绝大多数处于技术跟随地位的企业会放弃内部研发，转而进行外部技术购买[35]。企业技术研发水平是企业特性中的主要因素。通常情况下，技术的研发水平越高，企业越乐于选择技术内部研发，而技术经验积累，技术人才、设备存量等也属于这种情况。Jones 等（2001）认为，企业在拥有丰富的技术人、财、物资源储备时，会保护性地选择技术组织边界的封闭，尤其是在新兴行业或领域中，由于企业自身技术资源的相对不稀缺性，外部技术交流的可能变得微乎其微[45]。企业的技术研发水平直接决定了其与东道国的技术差距，王碧珺等（2018）的研究明确指出当与东道国技术差距较小时，技术差距扩大对 OFDI 有促进作用；但当技术差距扩大到一定程度时，由于企业吸收能力降低，该促进作用将减弱[46]。相对于技术地位、技术研发水平、技术人才设备存量，不同学者关于研发经验对技术获取模式影响的研究是存在差异的。较为容易理解和接受的观点是 Nelson 和 Winter（1982）提出的，即丰富的研发经验会激励并指导企业进行更多的技术内部研发[47]。但 Walker 和 Webber（1987）认为正是由于丰富的研发经验使得企业逐渐减少了技术内部 R&D 活动的资金支出和时间消耗，因此企业拥有更充沛的能力和精力进一步扩展技术获取模式，即进行更为广泛的外部技术获取[48]。关于企业规模，于长宏和原毅军（2017）认为企业规模与 R&D 结构之间呈现非线性的倒“U”型关系，随着规模的增加，R&D 中技术探索型研究所占的比重呈现出先上升后下降的变化趋势[49]。

企业出于对经济利益的本质追求，在完成新产品市场占领时进行着激烈的时间竞争，这就使得企业对技术需求具有一定的迫切性，对技术获取的时间要求变得苛刻。Dussauge 和 Hart（1992）认为外部技术购买能够最大限度地节省技术获取的时间，使企业获得急需技术[50]。国内学者崔雪松和王玲（2005）也认为企业对技术的需求迫切性与企业选择外部技术获取的倾向性间呈正向相关关系，因为外部技术获取能够降低技术获取的时间成本，保证其在占领新产品市场时抢得先机[32]。

3. 环境特性

环境特性包括市场环境特性和政策环境特性。

从市场环境来看，市场竞争的激烈程度影响着企业的技术获取模式选择。Roussel 和 Saad 等（1990）认为市场竞争激烈程度和企业技术内部研发倾向成正向相关关系[51]。Tidd（1997）的观点与 Roussel 和 Saad 相同，认为企业出于对核心技术的保护，会在激烈的市场竞争中避免不必要的对外技术交流，从而使其技术核心竞争力得以保存[52]。但也有一些学者持相左的观点，Song 和 Parry（1997）认为在激烈的市场竞争条件下，企业会选择技术合作这种技术获取模式从外部获取技术，原因有二：一是激烈的市场竞争无形中使企业对技术的嗅觉更为灵敏，二是技术合作相对内部研发能有效降低企业技术进入市场时自身所承担的风险[53]。Lowe 和 Taylor（1998）同样认为企业内部技术研发往往出现在市场竞争不激烈时，因为这种竞争环境能够提供的技术合作者虽然有限，但却能为企业技术研发提供充足的时间；而当市场规模扩充，竞争对手涌入时，企业会选择技术合作甚至技术购买，原因与 Song 和 Parry 所提出的观点相同[54]。

从政策环境来看，政府通过有效的政策调控，能够影响企业技术获取模式的选择。Dodgosn（1993）的观点较为容易理解，指出政府针对企业外部技术获取模式选择的调控效果明显：若国家层面能够搭建技术合作创新平台，那么企业对合作研发的积极性将明显增加；反之，企业在外部技术获取时会选择更为直接的技术购买[55]。Narayanan（1998）认为政府取消管制能够使企业获得有效的技术补充，而在取消管制的情况下，企业竞争力的提升会更多地取决于其通过外部技术获取而习得的技术能力；宽松的制度环境能够迫使企业参与技术竞争，增强外部技术获取和技术整合能力[56]。Tiyota 和 Okazaki（2005）对政策管制的研究更为具体，发现由于诸多条件的限制，技术获取的政府审核政策使得大企业在进行技术引进时比中小企业更具优势[57]。而在一些市场经济体制不完善的发展中国家，企业技术获取活动受政府影响较大，而中国现阶段关于技术获取的调控体制也有待完善，政府的主导作用在一些领域，如通信、电力、石化行业，依旧是决定性的。

由此可见，国外关于影响企业技术获取模式选择因素的研究已成体系，对影响企业技术获取模式选择因素的分类也已基本达成一致，并且作出了完善的理论研究和针对性的实证分析；但相比之下国内对影响企业技术获取模式选择因素的研究成果较少，也比较零散，主要集中在技术特性和企业特性中的个别影响因素上，对环境特性，尤其是政策环境这一影响因素的研究几乎为空白。

1.2.1.3 企业内外部技术获取模式的关系

1. 企业内外部技术获取模式的组合结构关系

从国内外学者的现有研究情况来看，企业技术获取模式主要包括内部技术获取和外部技术获取两种类型。国内外关于企业内外部技术获取模式组合结构关系的研究明显的呈现出两种不同观点：内外部技术获取模式的挤出效应关系和互补效应关系。

挤出效应关系得以存在的现实支撑是“拉美陷阱”的存在，这是外部技术具有挤出效应的典型案例。广大的亚非拉发展中国家为避免“拉美陷阱”的出现，或多或少的在外部技术引进时有所顾虑，故而做出了一系列相关研究：Lee（1996）研究了韩国制造业企业的外部技术获取活动，发现在激烈的国际竞争和广泛的国际科学技术交流背景下，韩国企业国外技术引进与降低了自身 R&D 活动积极性，即外部技术对内部技术存在挤出效应[58]。Aggarwal（2000）研究了 20 世纪 80 年代解除政策管制之后印度的技术引进与自主 R&D 活动之间的关系，发现外部技术对 R&D 活动的挤出效应在印度同样存在[59]。国内学者李正卫等（2010）以浙江高技术产业为研究对象，发现不同的技术引进类型对企业 R&D 活动的作用效果不同，非体现性技术（编码化显性知识）的引进利于企业 R&D 活动的开展，但体现性技术（非编码隐性化知识）的引进对企业 R&D 活动的正向影响不显著，甚至存在抵消效果[60]。朱承亮（2014）以中国汽车产业为研究对象也发现，研发投资的吸收能力未能与技术引进互为补充共同促进中国汽车产业生产率增长[61]。

同时也有大批学者认为外部技术获取与内部 R&D 活动有互补效应，Freeman 和 Soete（1997）就认为，即便只是进行技术的模仿创新，也是以技术引进企业的 R&D 能力和技术水平为基础的，这表明技术引进同时也刺激了国内企业的自主创新[62]。Chang 和 Robin（2006）也持相同的观点，他们通过对台湾地区的研究发现了技术引进与自主 R&D 活动的互补效应[63]。Cassiman 和 Veugeler（2006）的研究更为具体，首先承认了外部技术获取与自主 R&D 活动的互补效应，但同时指出这种互补效应的产生和存在均受到企业特征的影响[64]。国内也有较多学者持有相似观点，如李磊（2007）以上海市大中型工业企业为例进行的研究表明对于有 R&D 活动的企业而言，它们本身乐于开展技术引进行为，而技术引进后企业 R&D 投入规模也会随之扩大，这说明技术引进与企业 R&D 活动是良性互动的[65]。孙建等（2009）通过研究中国工业企业的技术引进也发现，中国工业企业自主 R&D 与技术引进之间总体上具有互补关系[66]。徐欣（2013）的研究以中国上市公司为对象展开，发现技术引进与企业自主 R&D 间存在协同效应，以引进技术为蓝本进行 R&D 的活动对企业绩效的提升作用更佳；技术引进与企业自主 R&D 间存在显著平衡效应[67]。

2. 企业内外部技术获取模式的演化发展关系

随着经济资源的国际化，企业必须通过协调技术引进、技术购买和自主 R&D，保证其在技术革新与发展中始终处于优势地位。但企业的技术获取战略是不断演化发展的，在企业由模仿创新到自主创新的发展过程中，内外部技术获取模式的演化发展关系也在不断变化。

Flowers（2007）认为企业新产品和新服务获取的过程是企业创新过程中的一个关键部分，但许多企业缺乏内部技术能力，而不能有效地开展这项活动[68]。Wagner（2011）认为企业的吸收能力是其部技术获取过程的必需品，没有吸收能力的支撑，购买产品、服务，甚至是完成公司整体收购都不可能掌握承载在其中的核心技术[69]。国内学者陈劲（1994）指出，由于技术能力不足，技术差距存在，国外先进技术引进是提高发展中国家技术创新能力的有效方式。然而，发展中国家技术引进的最终目的应是实现较多的自主技术创新，提高发展的竞争性与持久性[70]。谢富纪（2004）认为逐步实现由技术引进、技术模仿到自主技术研发的发展模式，是中国企业改革开放以来的努力方向[71]。陈侃翔等（2018）认为，企业自身的技术能力对于跨国并购获得较好的学习绩效才是必要的前因条件，并总结出了三种有效实现跨国并购逆向学习的模式，即后探索式学习、后利用式学习以及后利用—探索并举式学习[72]。技术进步不仅可以通过自主技术研发获得，也可通过外部技术的消化、吸收与改造获得。连续性的外部技术再创造和二次创新能够实现知识与技术的积累。技术二次创新与自主研发是避免外部技术，尤其是国外技术过度依赖的必然选择。

因此，对于发展中国家和自主创新能力不强的企业而言，选取通过外部技术引进，在工作中学习，依靠外部技术再创造，形成自主创新能力，进而进行技术的自主研发，甚至是技术输出是技术获取战略的合理发展逻辑。在企业内外部技术获取模式的演化发展过程中技术获取企业通过对外部技术的消化、吸收和改造实现技术的二次创新是维持内外部技术获取模式的演化发展关系的重要桥梁。

1.2.1.4 企业技术获取与官产学研合作技术创新

企业外部技术获取包括企业与学（高等院校）、研（科研院所）方或其他企业的技术合作；而企业内部技术获取中也必然涉及到企业自身对外部获取的技术进行的消化吸收和改造过程，因而企业进行技术获取活动的过程也是主动谋求产学研合作技术创新的过程。国外学者 Carayannis 等（2000）指出产学研合作和官产学研合作均为跨组织的知识技术交流平台，创新行为在这个平台中不断涌现，知识信息的流动也十分畅通[73]。Yuko（2002）认为产学研合作的主体是产业与高等学校；具体形式是互通有无，相互协作；结果是产业与高等学校各自综合水平的显著提升[74]。国内产学研合作源于“产学研联合开发工程”，产学研合作可定义为在社会范围内，生产企业（产）、大专院校（学）、科研院所（研）以技术合约为基础，遵循“利益共享、风险共担、优势互补、共同发展”的原则，按照自身优势分配技术创新过程中的资源，以合作方式进行技术创新的活动[75]。在产学研合作及官产学研合作中，新的知识和技术不仅仅产生于内部 R&D 活动，更重要的来源是内外部知识的整合，企业的技术学习能力在企业外部获取的整合过程中发挥重要作用[76]。

1. 企业技术获取与“产学研”合作技术创新

Cohen 等（2002）研究认为美国企业在产学研合作过程中获取有效技术必须在利用正式合作的同时，积极创造非正式合作机会[77]。Wright 等（2008）从技术生命周期的视角出发，认为企业与学、研方的合作应贯穿于技术生命周期的整个阶段，其中技术生命周期的初期企业应选择与学、研方进行技术联合作开发，在技术市场化时期可选择技术委托开发，而在技术成熟期企业应适当利用学、研方为企业提供的技术咨询[78]。国内学者薛捷和张振刚（2006）从中国科研院所转制后所出现的共性技术研发断层的客观实际出发，认为大学和科研院所是基础研究的主力军，大学和科研院所针对企业所需进行的研究有利于企业更好地接受研究成果，同时企业对高等学校科技成果公开发表并无限制，这客观上加速了新知识、技术的交流与扩散[79]。李柏洲等（2014）研究了产学研合作原始创新中的知识生产机制问题，认为企业知识转移和企业知识整合对企业知识生产有直接影响；学研方知识释放能力、企业知识吸收能力通过企业知识转移及企业知识整合间接影响企业的知识生产[80]。李梓涵昕和朱桂龙（2019）的研究指出产学研合作主体目标差异对于学习意愿和吸收能力与知识转移之间的关系存在负向调节效应，主体合作目标差异程度越大，企业学习意愿和吸收能力对知识转移的促进作用越低；合作主体知识技术差异对吸收能力与知识转移的关系具有显著的倒 U 型影响，高程度的知识技术差异会减弱吸收能力对知识转移的影响，而知识技术差异程度过低也将负向调节吸收能力对知识转移的影响[81]。

2. 企业技术获取与企业间合作技术创新

除了与学、研方完成合作技术创新，企业间的合作也是企业实现技术获取的一种行之有效的方式。

March（1991）的研究发现，企业间的技术交流带来了规模可观的创新成果，同时当一个企业与其他企业进行知识技术合作时，不但能够获得新技术，而且能够整合并扩大自身技术基础[82]。Clark 和 Tracey（2004）甚至发现当企业与其他组织分享知识与技术时，会出现知识与技术的反馈，这会造成发送者知识与技术的价值提升，有利于新技术的再创造，使组织整体的知识存量和技术水平上升[83]。国内学者朱涛（2007）认为企业间技术合作和产业集群的形成利于降低合作创新的交易成本，获得合作伙伴的隐性知识。企业之所以选择合作创新，动机是多样的，其主要目的是为了解决技术的外部性问题、分担研究开发成本和风险、获得合作伙伴的缄默性知识、实现技术转移以及获得巨大的国内和国际市场等[84]。罗炜和唐元虎（2001）的研究首先将企业间合作创新的动机分为成本共享和技术共享两大类型，进而对比分析了企业合作伙伴间能力差异对合作创新动机的影响，认为当企业具有同质的资源和能力时，成本共享是企业合作创新的主要动机；当企业的能力互补时，技术共享是企业合作创新的主要动机[85]。贾晓霞和周溪召（2007）则认识到了企业间合作过程中知识转移和技术扩散的障碍问题，从知识特性、企业文化、组织结构和深层交流等方面探讨了合作创新过程中知识转移的障碍因素，并以此为基础针对性地提出促进合作创新中知识转移的愿景、文化、结构和方法等具体的实施策略[86]。高宇等（2011）也肯定了合作方技术获取的重要作用，认为合作方技术获取对于企业绩效提高有重要的促进作用，同时也指出，获取技术作为外部资源首先要通过吸收和利用过程转化为企业自身的能力，才能促进企业的绩效提升[87]。

3. 企业技术获取与“官产”合作技术创新

政府虽然并不是严格意义上的企业技术来源，但在官产学研合作创新的框架下，产学研主体的创新行为已经融入到区域创新系统和国家创新系统中。政府的政策引导作用对企业技术获取战略决策具有至关重要的影响。

Romano（1989）建议政府通过 R&D 补贴鼓励企业从事更多的 R&D 活动[88]。Hinloopen（1997）通过研究发现政府向企业 R&D 提供补贴对企业 R&D 投资产生的影响比鼓励企业间或企业与学、研方进行企业 R&D 合作在促进 R&D 活动上更具成效[89]。因此政府提供 R&D 补贴是一种激励企业开展 R&D 活动的有效政策工具，政府通过提高 R&D 补贴，使得企业从事 R&D 活动的积极性被激发。除了 R&D 补贴，政府参与到企业技术获取调控工作中的途径还有很多。张秀峰等（2019）的研究指出企业所面临的融资约束程度对由企业主导的产学研合作项目的创新绩效具有显著的负向影响，而政府补贴则对该影响具有显著的正向调节作用，即政府补贴可以在一定程度上缓解融资约束对产学研合作创新绩效的负向影响[90]。胡景岩（2002）认为在经济全球化迅速发展的背景下，开放市场、吸收外国直接投资和引进技术都对政府宏观政策提出了新的要求，提出了要通过吸收外国直接投资和技术引进等来衡量政府宏观政策在市场开放中的作用；同时指出政府宏观政策对发展中国家开放市场有着特殊作用，各国政府吸收外国直接投资要采取不同的外资战略方针，中国政府吸收外国直接投资和引进技术要与正确的科技发展战略相结合[91]。曹霞和于娟（2017）通过动态演化博弈分析发现，在政府治理下，企业和学研机构相互促进、相互带动，双方均向有利于产学研创新联盟稳定的方向演化，并最终保持稳定，使得企业和学研机构间的合作创新上升为协同创新关系；当企业和学研机构的合作处于协同创新的良性发展时，则无需政府治理，此时政府会退出治理[92]。

1.2.2 企业创新绩效的国内外研究现状

1.2.2.1 企业创新绩效的研究视角与概念

“Performance”一词在英文资料中多理解为“Output”，而在我国多将其译为绩效。在国内外技术创新的研究中，创新绩效的概念与定义很少被提及，对创新绩效的研究，多从影响因素及如何评价的视角进行[93]。

在创新绩效的评价指标选取上，从20世纪80年代开始，OECD组织和欧盟开始着力解决创新绩效指标设计问题。1993年，创新调查委员会（CIS）应用新的评价指标对西欧大部分国家完成了创新调研。调研过程中所使用的2个创新绩效指标分别为创新产品所占销售比例、产品生命周期不同时期的企业销售收入[94]。国内学者刘顺忠和官建成（2002）用专利数量、创新产品数量和创新产品销售比例对企业创新绩效水平进行衡量[95]。单红梅（2002）则构建了包括经济效益和社会效益两大内容在内的企业技术创新绩效评价指标体系，借助模糊数学中的综合判断方法，对企业技术创新绩效进行全面分析和综合评判，并运用“最大隶属度”原则评价企业技术创新绩效的优劣[96]。

近年来，运用DEA方法，从技术创新的投入与产出视角定义创新绩效并对创新绩效进行测算的研究在国内涌现，比较有代表性的有官建成等（2003）运用DEA，以中国各区域创新体系为样本进行的研究表明，区域创新能力和创新绩效间没有关系，规模效益递增的区域较少[97]。袁鹏和陈圻等（2007）运用DEA－Malmquist指数法对中国区域创新绩效的变化及其原因进行了研究，结果表明大部分省份的创新绩效在多数年份是提升的，各省市平均创新绩效的提高主要源于纯技术效率的改进[98]。刘志迎和郭磊等（2012）基于技术创新阶段性特征，构建了包括两系统多主体的技术创新系统概念模型，运用 DEA 设计了技术效率评价模型，对技术创新系统效率、子系统效率以及各技术创新主体效率进行描述[99]。

通过相关文献回顾发现，国内外对于创新绩效的概念界定在学术界仍然比较模糊，但对创新绩效的评价做出了较多有益研究。相对于国内对创新绩效所设计的繁杂的评价指标体系，国外研究对创新绩效的概念定义和评价指标选择都较为精炼，同时更具针对性。在管理学领域中，所谓绩效，即成绩和效果。这也与英文对“Performance”一词的解释相近，因此企业创新绩效可理解为企业从事技术创新活动所取得的成绩和效果[100]。

1.2.2.2 企业创新绩效的影响因素

由于创新绩效内涵界定的不同，以及创新绩效评价指标体系构建的差异，国内外学者归纳出诸多影响创新绩效的因素，主要包括以下几个方面的因素：

一是人力因素。Laursen 等（2002，2003）以丹麦的商业公司为实证对象研究了人力资源管理实践之间的互补性对企业创新绩效的影响，认为互补的人力资源管理实践能更有效地在知识密集产业发挥作用[101][102]。杨建君和刘刃等（2009）采用结构方程模型对变革型领导风格、人际信任等与企业技术创新绩效之间的关系进行分析，发现变革型领导风格与企业技术创新绩效之间存在正相关关系；人际信任、组织承诺充当变革型领导风格与企业技术创新绩效之间的中间变量[103]。徐奕红等（2019）关注了人才与团队的互动学习，指出企业互动学习对创新绩效具有正向影响作用，现实吸收能力在两者关系间起到了中介作用，制度环境和环境不确定性正向调节现实吸收能力和创新绩效之间的关系，同时调节了现实吸收能力的中介作用[104]。

二是技术因素。Ahuja 和 Katila（2001）探讨了技术收购对企业创新绩效的影响，构建了以企业创新绩效提升为基础的一套量化的技术收购措施框架，发现技术收购中获得知识基础的绝对规模能够提高创新绩效，而获得的知识基础的相对规模会减少创新产出[105]。Frenz 和 Gillies（2009）研究了知识、技术的内部获取与外部获取对创新绩效的影响，认为内外部知识与技术的相互作用提升了企业创新绩效[106]。国内学者严焰和池仁勇（2013）以企业技术获取模式为调节变量，提出R&D投入、技术来源、国外技术引进方式和企业创新绩效的理论模型。发现以自主研发作为企业主要技术来源，以及以购买技术资料或专利作为引进国外技术的主要方式，对企业R&D投入与创新绩效的关系起正向调节作用；以合作研发为主要技术来源，以及以购买设备、购买样品、聘请国外技术人员等为引进国外技术主要方式，对企业R&D投入与创新绩效的关系起反向调节作用[107]。在技术因素影响创新绩效的研究中，诸多学者也注意到了技术的吸收、消化和改造能力的重要作用。Fosfuri和Tribó（2008）以西班牙的公司进行实证，认为研发合作，外部知识获取和知识的搜索体验是一家公司潜在知识吸收能力主要来源，内部知识的高效率流动能够促使外部技术迅速地为己所用[108]。Chen和Lin（2009）等研究了台湾地区制造业行业企业技术的学习与吸收能力对企业竞争优势的积极影响[109]。Tsai（2009）研究了协作网络下技术吸收能力对创新伙伴选择及对创新绩效的影响[110]。国内学者司月芳等（2019）分别考察了企业工艺和产品创新绩效与供应商、用户、同行、大学及科研机构这4种外部知识源之间的关系。研究发现，由于制造业企业上游供应商企业创新能力低下，仅用户、同行、大学及科研机构这3种知识源对企业工艺和产品创新绩效有显著正向影响[111]。

三是管理因素。Azar和Ciabuschi（2017）对组织创新绩效进行了针对性研究，发现组织创新通过持续的技术创新，直接或间接地提高了出口绩效[112]。张根明和张曼宁（2019）的研究发现联盟管理能力中的协调能力、沟通能力和关系能力均有利于提升创新绩效；知识转移在关系能力对创新绩效的正向影响中起完全中介作用，而在协调能力和沟通能力对创新绩效的正向影响中起部分中介作用[113]。郭韬等（2019）探讨了制度与商业模式对创新绩效的影响，认为正式制度环境和非正式制度环境能够通过商业模式对创新绩效产生影响，但影响效果和作用路径存在差异；当商业模式的主要影响因素改变时，随着各个影响因素参数值的增加，不同制度环境下商业模式的市场定位、经营过程和利润模式会随之提高或降低，且变化幅度各不相同[114]。

四是环境因素。Luca等（2007）定义了市场知识维度，研究了以跨职能协作提升创新绩效的作用路径[115]。国内学者陈钰芬和陈劲（2008）从开放的广度和深度两个方面测度目前中国企业技术创新的开放度，分析不同产业的企业开放度对创新绩效的影响。发现目前中国企业在技术创新活动中开放程度比较低，企业在技术创新活动中向外部组织开放有利于提高创新绩效[116]。闫华红（2019）关注了外部环境中的政策环境问题，发现政府补助与税收优惠政策均有助于企业提升创新绩效，总体而言，税收优惠政策对企业创新绩效的促进效果优于政府补助；但在国有企业中，政府补助对于企业创新绩效的促进效果要优于税收优惠政策[117]。

在企业创新绩效的诸多影响因素中，技术因素的作用尤为明显。不论是通过外部技术获取还是内部技术研发，企业要在知识经济时代激烈的市场竞争中处于不败之地，必须要掌握保持企业地位与支撑企业创新活动开展的关键技术，技术是企业的核心竞争力。

1.2.3 企业技术获取对创新绩效影响的国内外研究现状

国内外已有部分学者注意到企业技术获取，尤其是外部技术获取对创新绩效产生的影响。如 Kiyota 和 Okazaki（2005）在研究了日本 1957 - 1970 年企业层面的数据后发现，技术引进政策有助于提高公司业绩：技术输出公司与技术接受公司的资本积累，导致劳动生产率的更快增长[57]。Cassiman 和 Veugelers（2006）认为内部研发和外部知识的获取是互补的创新活动，这种互补程度对企业所处的创新环境相当敏感，大学和研究中心作为创新活动的重要信息来源，是影响内部研发和外部知识获取的一个重要变量[64]。Sampson（2007）重点考察了合作伙伴的技术多样性和联盟组织形式对企业创新绩效的影响[118]。Berchicci 等（2013）认为企业应在快速变化的商业环境中，通过引进外部技术，重组研发体系，平衡内外部 R&D 活动；并探讨了研发配置对企业创新绩效和企业的研发能力的调节作用，认为企业外部 R&D 活动存在阈值，一旦外部 R&D 活动超过此阈值，将会引起企业创新绩效的下降[119]。Torvinen 等（2014）通过对俄罗斯企业的研究，发现企业通过外部技术引进或购买能够降低研发成本进而加强企业的新产品开发实力，同时也认为外部技术获取有助于企业重新审视自己的核心竞争力，并且对公司的竞争力和市场拓展有积极的作用[120]。国内学者王元地等（2017）的研究指出国外技术比国内技术更能提升本土企业技术能力，企业规模、企业年龄以及企业吸收能力，均显著正向影响本土企业技术能力；此外技术年龄在技术国别属性对本土企业技术能力的影响中起到了负向调节作用，这表明越新颖的国外技术对本土企业技术能力提升作用越大[121]。陈朝月和许治（2018）的研究发现，外部技术获取与企业绩效之间存在显著的倒 U 型关系，其中引进购买对企业创新绩效具有显著的倒 U 型关系，而基于科学和基于市场的外部技术获取对企业创新绩效影响不显著。内部研发支出在外部技术获取与企业创新绩效之间不存在积极显著的调节作用[122]。

国内外学者基本上都肯定并验证了企业不同技术获取模式对创新绩效的提升作用。就外部技术而言，其对企业创新绩效的提升相对于内部技术更加复杂，在利用外部技术提升企业创新绩效的过程中需注意可能存在的门槛值。少部分学者已经在确定技术获取对创新绩效的正向影响的基础上，开始探索技术进步对创新绩效的影响方式和作用机理，但此方面研究仍较少，实证也欠充分，对调节变量，尤其是中介变量的搜寻仍处在探索阶段。

1.2.4 企业技术创新机制的国内外研究现状

机制原指有机体的构造、功能及其相互关系；机器的构造和工作原理。在研究企业技术创新问题时，不同学者对企业技术创新机制的内涵也做出了不同描述，但现阶段对企业技术创新机制的概念界定尚不清晰。学者们对企业技术创新机制的界定是在承认企业技术创新系统的复杂性的基础上进行的。North（1983）认为从最初的概念到确定技术可行，即从发明到商业上可行，从创新到以后的扩散，常常是一个漫长而曲折的过程[123]。魏江和许庆瑞（1994）认为企业技术创新是一个投入各类技术资源，产出新产品新服务的系统过程，这个过程需通过企业技术创新机制的作用来实现；技术创新机制是指技术创新系统在运行过程中所包含的创新组织内部的结构与内在工作方式以及创新组织与外部环境之间所形成的互动关系的总和[124]。李榕（2006）认为技术创新机制是关于技术创新的动力、创新的模式，以及如何整合创新的动力、选择最佳的创新模式以提高技术创新能力的体制，如提供技术创新动力源，优化技术创新环境，保护技术创新主体等[125]。对于企业技术创新机制的各机制具体研究，包括企业技术创新的决策机制、动力机制、投入机制、转换机制、协同机制、处理机制、控制机制、激励机制、产出机制、反馈机制等。

从企业技术创新过程的视角进行分析，企业技术创新机制的实现必须具备以下部分：输入、处理、运行、输出和反馈。其中输入是机制形成的始点，处理反映对信息的整理过程，运行刻画系统运行，输出和反馈是系统吸收信息、反馈和进行机制调解升级的决策依据。机制的其他各部分或是属于输入、处理、运行、输出和反馈，如转换机制和协同机制均属处理机制；或是贯穿于机制的运行过程中，如决策机制、激励机制。

关于输入机制，Leach 等（1997）认为在企业技术创新机制形成过程中，在技术创新网络中，具有规模优势的企业主导整个技术创新网络的形成和发展，对合作伙伴的生产活动进行协调[126]。Bianconi 和 Barabasi（2001）也认为，在企业技术创新机制的输入过程中，核心企业对技术合作的形成起到至关重要的作用，因为它们依靠技术和资源优势能够通过有效筛选将其他技术跟随企业吸引到技术创新网络中[127]。方润生（2006）从企业非正式制度的特征和作用视角出发，分析了企业非正式制度下行为主体之间的关系以及组织氛围对行为主体创新活动的影响，阐述了企业内部非官方活动促进企业创新的内在逻辑[128]。党兴华和王幼林（2007）在分析技术创新网络中核心企业的作用及其合作伙伴选择特征的基础上，建立了合作伙伴选择过程模型[129]。李柏洲和罗小芳（2014）在研究企业原始创新的输入机制时发现，企业原始创新能力虽不直接影响企业伙伴选择过程，但通过学研方参与原始创新的意愿间接影响企业伙伴选择投入及企业伙伴评价过程，企业伙伴选择投入及企业伙伴评价过程是企业与学研方建立正式合作关系的重要影响因素[130]。

关于处理机制，Yuko（2002）在研究产学研协同创新时将企业和学、研方视作不同类型的能动性主体，并认为它们通过相互影响能够产生协同效应，进而发挥其在协同创新的产学研合作组织中的特定作用[74]。Serrano 和 Fischer（2007）也指出协同创新是技术、资源、行为和绩效的全面整合[131]。陈劲和王方瑞（2006）探究了实现中国企业技术和市场协同创新的有序发展所需建立的协同机制，指出技术和市场协同创新机制的内在本质在于“环境—管理—过程”的全面联系[132]。杜兰英和陈鑫（2012）通过分析中小企业现阶段技术创新所面临的主要问题，结合已有的技术创新模式，凝练出了官、产、学、研、用、中介等能动性主体彼此协作，互利共赢的多主体协同参与的“六位一体”模型[133]。范群林等（2014）研究了国家创新系统作用下东方汽轮机有限公司内外部协同创新网络的形成机理，发现国家创新系统的成熟程度与企业协同创新网络完善程度成正向相关关系。在企业技术创新机制中政府的角色定位是参与、指导或资助企业技术创新，为优质企业提供政策支持，帮助企业协同创新网络形成和创新绩效提高[134]。

关于运行机制，岳清唐（1991）提出了企业技术创新运行机制的三回路模式：市场回路、资金回路和技术回路，同时认为三回路相互联系，关系密切[135]。郗永勤（2002）对中国企业技术创新现状、存在问题、产生原因进行分析的基础上，对如何建立企业技术创新的有效运行机制、进而推动企业技术创新提出了针对性对策建议[136]。洪勇和李英敏（2012）从自主创新意愿与自主创新行为两个方面分析中国自主创新实践中面临的主要问题及原因，提出了自主创新政策对自主创新能力提升的作用路径模型[137]。尹志锋等（2013）研究了知识产权保护通过两个传导机制对企业创新产生影响，即增强知识产权保护能够通过增加企业研发投入和外资进入来提升东道国企业创新产出；发现名义和实际知识产权保护水平的提高均对企业研发投入具有正向显著影响进而对企业创新产生了正向显著影响，且实际上前者的影响更大[138]。苏屹和姜雪松（2013）以云创新为基础，从企业获取创新源到产品加工、生产、销售、实现利益的过程入手，分析高技术企业的云创新系统的运行过程，初步确定了该创新系统内的相关主体，明确了各主体的功能以及它们之间的关系[139]。

关于输出与反馈机制，Anderson（2006）对产业技术创新联盟所面临的风险进行了分析，认为这些风险主要包括战略风险、财务风险、运营风险和合规风险这四大类型[140]。Bergmann 和 Friedl（2008）也在研究企业技术联盟时明确指出由于联盟运作中的道德风险客观存在导致技术联盟不稳定，而道德风险产生的原因是不完善的合作契约、有差异的联盟中主体的利益驱动和客观存在的联盟管理缺陷[141]。洪进和汤书昆（2003）研究了企业技术创新过程中的风险，并提出了企业技术创新中的风险管理和风险规避策略[142]。周寄中和薛刚（2002）则将可能的技术创新风险细分为决策风险、技术风险、市场风险、组织风险、资金风险、信息管理风险、企业文化风险、外部环境风险共八类[143]。马文斌（2008）对企业合作技术创新的利益分配问题进行了研究，建立了基于多人合作对策理论的企业合作技术创新收益分配模型，发现合作对策模型可以较好地应用于合作技术创新中的收益分配优化决策问题[144]。吴杨等（2012）研究了沟通管理在科研团队知识创新过程中的反馈机制，考察了沟通管理在科研团队知识创新过程中正、负反馈的动态特性，对沟通管理在科研团队知识创新绩效中的反馈机制进行了数学描述，并解释了知识创新绩效形成 S 型曲线的原因[145]。

1.2.5 国内外研究现状评述

通过对国内外关于企业技术获取、企业创新绩效、企业技术获取对创新绩效影响、企业技术创新型机制的相关文献进行回顾，本书认为现有的研究在以下 4 个方面取得了进展：

（1）对企业技术获取的概念，企业技术获取模式的分类，企业技术获取模式的影响因素，企业内外部技术获取模式的组合结构关系，企业内外部技术获取模式的演化发展关系，企业技术获取过程中的官产学研合作技术创新等问题进行了广泛深入的理论探讨与实证研究。

（2）对企业创新绩效的评价指标、评价方法、影响因素进行了研究；肯定了技术因素对企业创新绩效的重要影响。

（3）验证了企业技术获取对创新绩效的正向影响；提出了外部技术引进过程中需注意的问题，尤其是对企业外部技术引进过程中的技术消化吸收和改造问题进行了研究；开始探索技术进步对创新绩效的影响方式和作用机理。

（4）对企业技术创新机制的概念内涵进行了阐述；对创新机制中的各类型机制进行了针对性研究，对一些特定机制，如协同机制、运行机制等进行了较为丰富的理论研究与实证分析。

现有研究成果为企业技术获取提升创新绩效机制的深入分析奠定了理论基础，但经对相关研究进行梳理、总结和凝练，发现相关研究目前仍有一些不足之处，主要是：

（1）企业技术获取模式的分类忽视了对外部技术的二次创新。现有研究均将企业技术获取模式分为内部技术获取和外部技术获取，但在对外部技术获取进行进一步细分时并未包括外部技术二次创新。对外部技术的消化、吸收和改造是企业真正实现对外部技术获取的重要手段，是避免出现长期外部技术依赖的必要举措，企业外部技术获取模式的分类应延伸到外部技术的再创造阶段，将技术二次创新纳入其中。

（2）对企业技术获取中技术源协同的研究欠充分。现有企业技术获取的研究主要集中在技术获取模式分类、选择和各技术获取模式相互关系上，但忽视了各技术源的协同发展。企业技术获取活动，尤其是外部技术获取活动在官产学研合作技术创新的过程中得以实现，技术源与技术接收企业通过协同创新完成技术的交流与交换，并在整个过程中受到官方政策影响。

（3）企业技术获取提升创新绩效的完整机制仍未建立。现有企业技术获取提升创新绩效的研究主要是验证影响效果或探索作用机理，均属运行机制范畴，对企业技术获取提升创新绩效的完整机制并没有系统性研究。企业技术获取提升创新绩效始于企业技术获取系统的耗散结构形成和技术源甄选，通过技术源协同实现对获取信息的处理，经主要节点路径传导最终作用于创新绩效，在此过程中还可能存在相应的技术风险，企业需根据机制整体运行情况制定相应的措施，以实现其技术获取战略的成功。

基于现有研究的不足之处，得出进一步研究的空间如下：

（1）在对企业技术获取概念进行完善的基础上，研究企业技术获取提升创新绩效中的技术源协同机理。将外部技术二次创新纳入到企业技术获取模式分类中，确定企业技术获取中官产学研各方的角色定位。详细分析企业技术获取中各技术源协同产生的原因、障碍和基本形式，解决企业技术获取提升创新绩效机制中的信息处理问题。

（2）系统研究企业技术获取提升创新绩效的完整机制。企业技术获取提升创新绩效的过程是一个多主体、多阶段过程。企业技术获取提升创新绩效始于企业技术源选择，经技术源协同发展，通过特定的路径传导，最终实现企业创新绩效提升的最终目的，在这个多主体、多阶段过程中还需时刻关注技术风险，吸收信息反馈，对技术获取策略进行调整。因此，本书通过构建企业技术获取提升创新绩效的机制模型，对机制的输入、处理、运行、输出和反馈进行全面、系统的研究。

1.3 研究思路、主要内容和研究方法

1.3.1 研究思路

以构建企业技术获取提升创新绩效的机制框架为目标，按照“理论分析——推理演绎及实证研究——对策建议提出”的思路展开论证。首先，根据相关理论回顾与国内外研究现状，总结凝练现有研究在企业技术获取、企业创新绩效等领域的成果和不足，提出企业技术获取提升创新绩效的机制研究这一研究主题。其次，基于系统观构建企业技术获取提升创新绩效的机制研究框架。再次，对企业技术获取提升创新绩效的机制进行展开讨论与具体分析，分别研究了企业技术获取提升创新绩效的技术源选择、技术源协同、路径传导、风险预警问题。依次分析企业技术获取提升创新绩效机制中的输入、处理、运行、输出和反馈问题。

1.3.2 主要内容及框架

在查阅官产学研合作、企业技术获取、企业创新绩效、协同学、复合系统、创新机制、技术风险等相关文献资料的基础上，结合本研究需要，研究内容共由以下 6 个部分组成，分别为：

1. 企业技术获取提升创新绩效的机制框架研究

在对企业技术获取提升创新绩效的相关概念内涵界定的基础上，基于系统观分析企业技术获取提升创新绩效的全过程及系统特性，完成企业技术获取提升创新绩效的机制构建。按照机制输入、处理、运行、输出和反馈的逻辑过程，对应输入过程，分析企业技术获取提升创新绩效的技术源选择；对应处理过程，分析企业技术获取提升创新绩效的技术源协同；对应运行过程，分析企业技术获取提升创新绩效的路径传导；对应输出和反馈过程，分析企业技术获取提升创新绩效的风险预警。技术源选择、技术源协同、路径传导、风险预警四大部分完整反映了企业技术获取提升创新绩效的全过程。

2. 企业技术获取提升创新绩效的技术源选择

在对企业内外部技术源组成进行分析的基础上，明确企业主要技术来

源：内部技术源、外部技术源和外部技术二次创新。进一步对企业技术获取系统的耗散性特征进行分析，并利用Brusselator模型的经济学转译描述和验证企业技术获取系统的耗散结构，解决技术源选择的前提基础问题。最后借助刺激—反应模型刻画企业内外部技术源选择和进行技术整合的过程。

3. 企业技术获取提升创新绩效的技术源协同

在明确企业技术获取提升创新绩效技术源协同主体角色定位的基础上，就企业技术获取中以企业为中心的官产学研合作模式进行分析，对其技术源协同机理进行剖析，构建企业技术获取提升创新绩效的技术源协同度测度模型，对中国规模以上工业企业技术获取进行技术源协同度测度，并进一步验证技术源协同与不同类型创新绩效的因果关系。完成企业技术获取提升创新绩效机制中的处理过程分析，为进一步分析机制运行过程奠定基础。

4. 企业技术获取提升创新绩效的路径传导

对企业技术获取提升创新绩效的逻辑顺序进行分析的基础上，对其中的关键节点：企业技术进步进行研究。基于对企业技术进步的概念界定和测度，以技术进步为节点描述企业技术获取提升创新绩效的路径传导过程。将企业技术进步视为中介变量，技术获取视为前因变量，创新绩效视为因变量，运用面板数据对中国企业技术进步的中介效应进行检验，对比分析中国东、中、西部地区企业技术获取提升创新绩效传导路径的共性和差异。

5. 企业技术获取提升创新绩效的风险预警

企业在通过技术获取提升创新绩效的过程中，会出现一系列技术风险，准确识别这些风险，实时关注风险演化，并对风险和演化风险进行预警是保障企业技术获取提升创新绩效机制实现的重要工作之一。因此在对企业技术获取提升创新绩效的风险进行识别的基础上，凝练出中国企业在这一过程中面临的主要风险。对技术风险及其演化进行识别，以集对分析和模糊集理论为基础，分析中国企业技术获取提升创新绩效的风险预警全过程，凝练预警信息，完成风险规避。

6. 中国企业技术获取提升创新绩效机制实现的保障措施

在系统研究中国企业技术获取提升创新绩效机制的现状和存在问题的基础上，分析企业技术获取提升创新绩效的技术源选择过程，验证企业技术获取提升创新绩效的协同发展情况，搜寻企业技术获取提升创新绩效的路径传导节点，识别企业技术获取提升创新绩效的潜在风险，从技术源合理选择、技术源协同发展、传导路径实现、技术风险规避等视角提出企业技术获取提升创新绩效的保障措施。

基本框架如图 1.1。

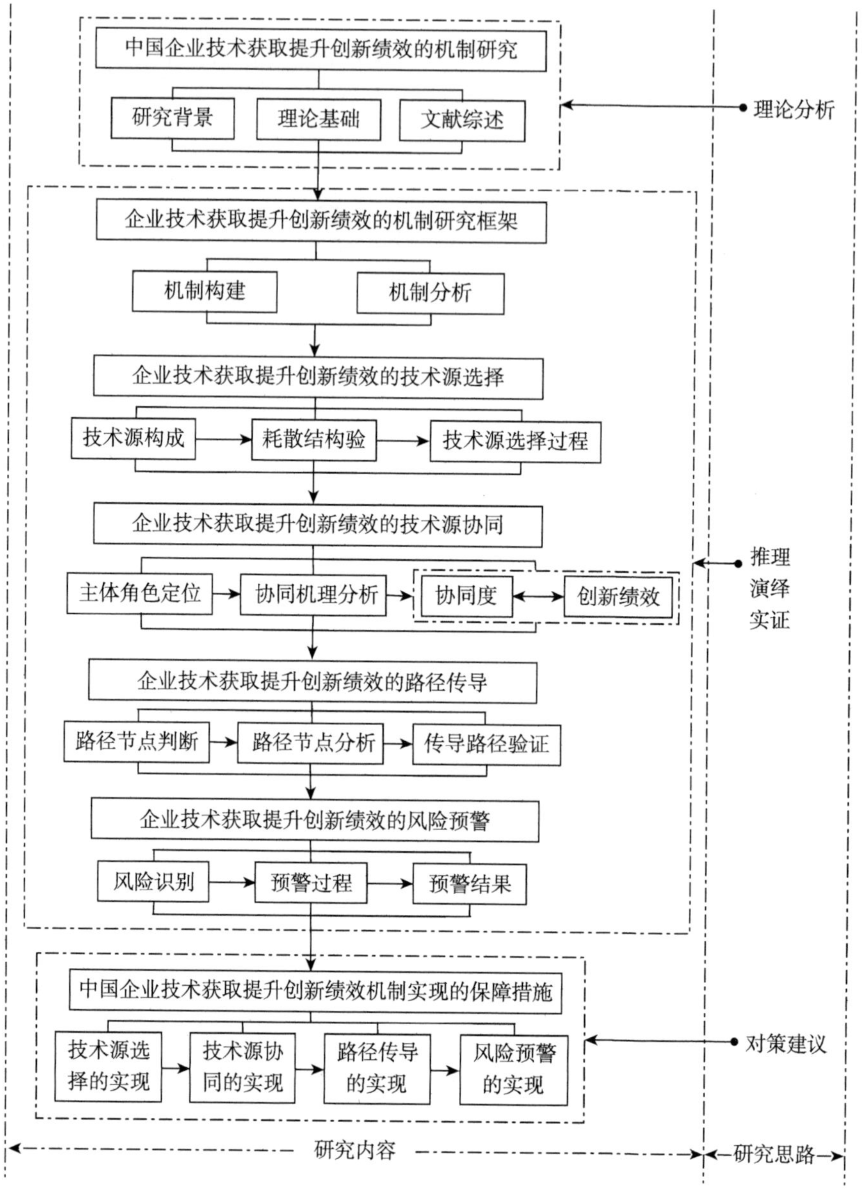

图 1.1　基本框架

1.3.3 研究方法

（1）归纳总结方法。在查阅与企业技术获取、企业创新绩效等相关文献的基础上，归纳提炼文献中的精华观点，对企业技术获取模式分类进行过程上的完善，总结凝练出企业技术获取提升创新绩效机制中的四大主要问题：技术源选择问题、技术源协同问题、路径传导问题和风险预警问题，最后提出保障企业技术获取提升创新绩效机制得以实现的具体措施。

（2）定性与定量相结合方法。基于系统观视角建概念模型，并在借鉴与研究命题相关的成熟模型和文献资料的基础上，结合统计数据，运用Brusselator模型、刺激——反应模型、序参量与役使原理、Granger因果关系检验、DEA－Malmquist指数法、GMM模型、模糊集方法、集对分析法等定量方法，对企业技术获取提升创新绩效的机制框架及机制的输入、处理、运行、输出和反馈过程进行研究与分析。

（3）理论分析与实证研究相结合方法。在理论上完成企业技术获取提升创新绩效的机制构建，并对机制的输入、处理、运行、输出和反馈进行具体分析。基于Brusselator模型验证企业技术获取系统的耗散结构，借助刺激——反映模型刻画企业的技术源选择过程；使用序参量与役使原理对企业技术获取提升创新绩效的技术源协同效果进行实证分析，并经Granger因果关系检验验证企业技术获取协同与创新绩效的互动关系；运用GMM模型和Sobel检验对以技术进步为中介变量的企业技术获取提升创新绩效的传导路径进行验证；运用模糊集和集对分析的方法完成企业技术获取提升创新绩效的风险预警过程。根据中国企业技术获取提升创新绩效的现状与存在问题提出相应的保障措施。

技术路线如图1.2。

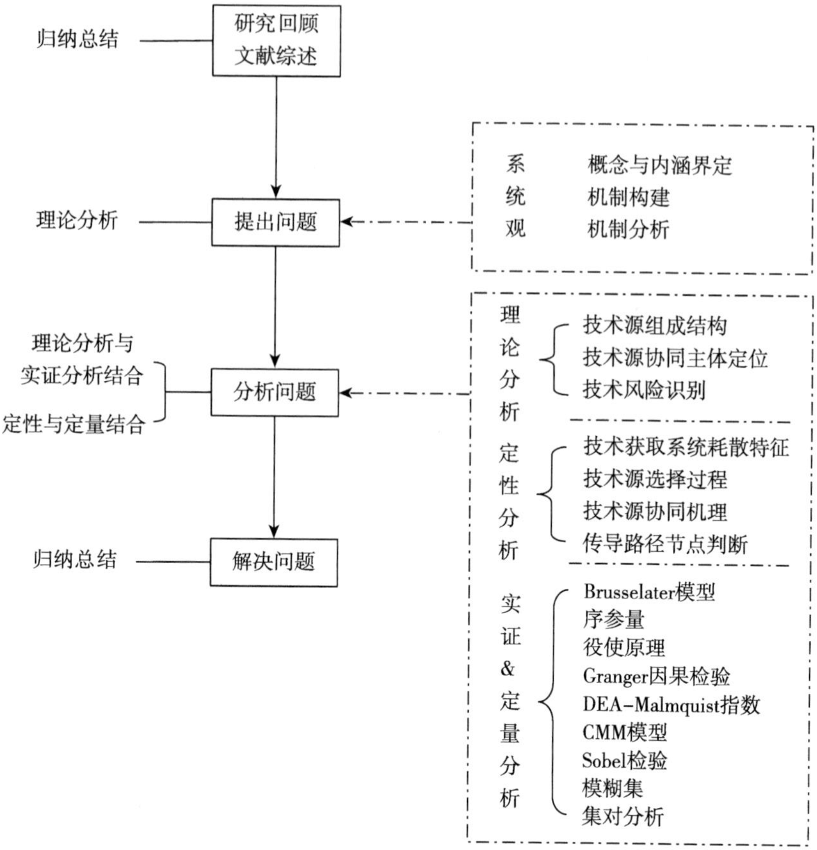

归纳总结
研究回顾
文献综述
理论分析
提出问题
系统观
概念与内涵界定
机制构建
机制分析
理论分析与
实证分析结合
定性与定量结合
分析问题
理论分析
技术源组成结构
技术源协同主体定位
技术风险识别
定性分析
技术获取系统耗散特征
技术源选择过程
技术源协同机理
传导路径节点判断
实证&定量分析
Brusselater模型
序参量
役使原理
Granger因果检验
DEA-Malmquist指数
CMM模型
Sobel检验
模糊集
集对分析
归纳总结
解决问题

图 1.2　技术路线图

第 2 章　企业技术获取提升创新绩效的机制研究框架

企业技术获取和创新绩效是两个被国内外研究广泛使用的概念，但在企业技术获取模式分类，外部技术获取中的技术学习整合过程，创新绩效，特别是企业创新绩效的概念这些问题上仍缺少明确的界定。企业技术获取提升创新绩效机制的研究也尚未形成系统。本章将在对企业技术获取、创新绩效、企业技术获取提升创新绩效的机制内涵进行界定的基础上，通过对中国企业技术获取提升创新绩效的显著性进行检验，利用系统理论分析企业技术获取活动，构建企业技术获取提升创新绩效的机制，分析企业技术获取提升创新绩效机制的输入、处理、运行、输出和反馈过程，为后文的研究提供理论框架，明确逻辑脉络。

2.1 企业技术获取提升创新绩效机制的内涵分析

2.1.1 企业技术获取的内涵界定

获取先进技术是企业进行技术创新活动的前提基础。创新型企业出于对经济利益和先进技术的敏锐嗅觉会自觉进行技术研发，通过投入研发资金，吸引技术型人才，完善创新环境等方式获取技术，此为内部技术获取。在激烈的全球竞争环境下，知识经济迅速发展，单个企业要想掌握全部的创新资源具有相当的难度。同时，经济全球化使得物质信息的流动更为便捷，企业需要互补的技术提供方以突破自身难以跨越的技术壁垒[146]。技术的供需互补关系促使企业利用内外部技术资源，以实现提升新产品技术含量及研发速度的需求，并有效地借助技术联盟稀释技术风险[147]，由此产生了技术的外部获取。但是，对于后发企业，尤其是发展中国家的后发企业而言，通过积极的技术学习，逐渐提升自身的技术研发水平显得尤为重要[148-151]，针对技术吸收企业而言，在技术的转移过程中，技术能力的学习与内在过程是必需的。技术吸收企业通过技术二次创新形成的专有性技能也是其他竞争者难以模仿的竞争优势，因此，外部技术二次创新也是企业技术获取中的关键环节。

由此可见，企业技术获取可理解为企业为追求技术能力提升，创新绩效提升和经济效益增长而进行的技术研发、引进、购买和二次创新活动。企业内部技术获取的技术源是企业自身，而外部技术获取和技术学习的技术源是其他企业或学、研方，但技术学习又需要通过企业自身的技术整合能力和二次创新能力得以实现。

2.1.2　企业创新绩效的内涵界定

对于企业创新绩效的内涵，有广义和狭义之分。广义的创新绩效是指创意产生、研发和推向市场的商业化过程，同时关注了创新技术和技术的商业化；而狭义的创新绩效主要考察企业新产品市场化情况[152]。在管理学领域中，所谓绩效，即成绩和效果。绩效就是结果、收获、进展情况，是投入了要素之后的产出和付出了成本之后的收益。由此，创新绩效可理解为创新的产出和收益，这也与国外对“Performance”一词的理解相近。那么，企业创新绩效的内涵便可简单地概括为企业创新的成绩和效果。企业是产学研合作中最重要的盈利性主体，其从事科技创新及研发创新活动的最终目的在于研发创新成果潜在商业价值的实现，即技术的市场化和产业化实现[153]，同时考虑企业技术创新研发过程，本书认为从广义的角度定义企业创新绩效更为合适。因此，企业的创新绩效的内涵可从以下两方面进行详细刻画：一是企业从事技术研发活动带来的技术变革形成的阶段性创新绩效，使用企业专利类指标（如企业拥有发明专利数、企业专利申请数、企业专利授权数等）衡量；二是企业付出技术创新成本之后实现的经济收益，即创新的商业价值转化实现的创新绩效最终形式，使用企业新产品类指标（如企业新产品产值、企业新产品销售收入等）衡量。企业创新绩效是衡量一个企业技术创新能力的重要准绳，也是企业技术研发投入管理的重要工具指标，对企业开展技术创新活动和实现经济利益而言意义重大。

2.1.3　企业技术获取提升创新绩效机制的内涵

通过前文的分析可知，国内外研究关于企业技术获取对创新绩效的提升达成了较为一致的共识，但对于企业技术获取提升创新绩效机制问题的系统性研究仍很单薄。在辞海中，机制原指机器的构造和工作原理。生物学和医学通过类比借用此词，指生物机体结构组成部分的相互关系，以及其间发生的各种变化过程的物理、化学性质和相互关系。泛指一个工作系统的组织或部分之间相互作用的过程和方式，并在经济学、政治学、社会学等领域广泛应用。

结合本研究的内容，将企业技术获取提升创新绩效的机制内涵定义为：企业通过内外部技术源搜寻，实现内外部技术源协同，形成技术获取提升创新绩效的特有传导路径，并对可能存在的风险进行识别和规避的多阶段过程和多要素作用方式。企业技术获取提升创新绩效的机制有两大主要特点，一是过程的多阶段性，二是参与要素多样性。过程的多阶段性可理解为企业技术获取提升创新绩效过程中，企业持有的逻辑顺序是首先识别内外部技术获取能力，开放自身组织边界并形成耗散结构，实现内外部技术源协同；其次搜寻技术获取提升创新绩效的传导路径；最后识别技术风险，完成风险预警与规避。参与要素的多样性可理解为企业通过技术获取提升创新绩效是一个多主体参与过程，企业在政府宏观调控下，与学、研方的广泛合作是获取外部技术的基础，企业内部技术研发与二次创新也多基于既已吸收的成熟外部技术而进行。

2.2 中国企业技术获取提升创新绩效的效果检验

通过前文的国内外研究现状回顾可知，国内外学者基本上都肯定并验证了企业不同技术获取模式对创新绩效的提升作用，但不同的内外部技术获取方式对创新绩效的提升效果有所差异。为对中国企业技术获取提升创新绩效的机制进行系统研究，须首先验证中国企业技术获取提升创新绩效的显著性，并发现和剖析不同技术获取模式提升创新绩效的作用效果差异，这是进行后续研究的前提和基础。

2.2.1 模型设定与变量选取

1979 年美国学者 Griliches 提出了知识生产函数的概念[154]。此后，知识生产函数被广泛运用于国家、区域、行业范围内的知识生产和技术创新分析[155]。知识生产函数将R&D产出视为R&D资本投入的函数：

$$R\&D_{output}=f\ (R\&D_{input}) \qquad (2-1)$$

以知识生产函数为基础分析企业技术获取提升创新绩效的过程，在进行技术获取（*TA*）的过程中，企业出于对先进技术和经济利益的迫切需求，会进行一系列资本投入，这些投入或是直接针对自身的技术研发，或是通过支持外部技术源合作间接提升自身技术水平，无论何种资本投入类型均会提升企业创新绩效（*IP*）：

$$IP=f\ (TA) \qquad (2-2)$$

企业技术获取首先包括了内部技术获取和外部技术获取两大模式。企业内部技术获取主要通过内部技术研发实现；而外部技术则通过与学、研方的广泛技术合作，经购买引进等方式得以实现：

$$IP=f\ (ED,\ FT,\ DT) \qquad (2-3)$$

式（2-3）中，*ED*为企业技术研发经费支出，*FT*为企业引进国外技术经费支出，*DT*为企业购买国内技术经费支出。企业在进行技术引进和购买的同时，必须完成相应的技术学习，通过对外部技术的消化吸收和在创造实现技术的二次创新，实现技术获取的全过程，因此将企业技术获取进一步细分为内部技术获取、外部技术获取和外部技术二次创新。只有掌握外部技术并根据技术吸收企业自身特点对外部技术进行整合后，外部技术内化的过程才能够得以实现，企业创新绩效才得以提升：

$$IP=f\ (ED,\ FT,\ DT,\ ART) \qquad (2-4)$$

式（2-4）中，*ART*为企业技术二次创新经费支出，用企业技术消化吸收经费支出与技术改造经费支出之和表示。以式（2-4）为基础，为减少内生性影响，构建企业技术获取提升创新绩效效果检验的动态面板数据模型（GMM），同时为避免异方差问题，采取对数（*LN*）回归形式：

$$LN\ (IP_{it})=f\ [LN\ (IP_{it-1}),\ LN\ (ED_{it}),\ LN\ (FT_{it}),\ LN\ (DT_{it}),\ LN\ (ART_{it})] \qquad (2-5)$$

式（2-5）中，IP_{it}为当期企业创新绩效；IP_{it-1}为上一期企业创新绩效；ED_{it}、FT_{it}、DT_{it}和ART_{it}分别为企业技术研发经费支出、引进国外技术经费支出、购买国内技术经费支出和技术二次创新经费支出，其中ED_{it}反映企业内部技术获取，FT_{it}、DT_{it}反映企业外部技术获取，ART_{it}反映企业对获取的外部技术二次创新。通过前文2.1.2可知，企业创新绩效可分为阶段性创新绩效和创新绩效的最终形式两类，考虑到企业进行技术创新活动的最终目的是获得经济收益[156-158]，因此选取企业创新绩效的最终形式衡量企业创新绩效，用规模以上工业企业新产品产值表示。ED_{it}、FT_{it}和DT_{it}分别用规模以上工业企业技术研发经费支出、引进国外技术经费支出、购买国内技术经费支出表示。ART_{it}用规模以上工业企业技术消化吸收经费支出与技术改造经费支出之和表示。对IP_{it}、ED_{it}、FT_{it}、DT_{it}和ART_{it}均按照当年价格指数进行平减，考虑到技术获取投入对技术进步和创新产出影响的持续性，使用永续盘存法[159]对ED_{it}、FT_{it}、DT_{it}和ART_{it}四组变量其进行累加：

$$\varphi = (1-h)\ \varphi_{i(t-1)} + \varphi_{it}\ (t \geq 2,\ \varphi = ED_{it},\ FT_{it},\ DT_{it},\ ART_{it}) \tag{2-6}$$

基期的φ为$\varphi'_{i1} = \varphi_{i1} / (g+h)$（$\varphi = ED_{it}$，$FT_{it}$，$DT_{it}$，$ART_{it}$），$h$为折旧率，取15%，$g$为考察期内$\varphi_{it}$增长率的均值。所选择的数据均为全国30个省、自治区、直辖市的截面数据（西藏绝大部分数据缺失，故剔除），各数据均来源于《中国统计年鉴2001—2012》和《中国科技统计年鉴2001—2012》。

2.2.2 检验过程与结果

数据年份跨度10年，截面数为30个，需对数据进行平稳性检验以避免伪回归。近年来发展起来的众多面板数据单位根检验各有优劣，考虑到面板数据中各截面序列的漂移项和趋势项的影响，为保证检验结果的稳健性，主要使用LLC检验、ADF－Fisher检验和PP－Fisher检验，检验结果如表2.1所示。

表2.1 平稳性检验结果（水平序列）

	$LN(IP_{it})$	$LN(ED_{it})$	$LN(FT_{it})$	$LN(DT_{it})$	$LN(ART_{it})$
LLC	-10.02***	-6.05***	-58.61***	-14.87***	-9.48***
ADF－Fisher	95.92***	110.45***	137.01***	120.53***	95.72***
PP－Fisher	166.99***	103.12***	185.95***	156.94***	125.08***

注：***、**、*分别表示在1%、5%、10%水平下显著。

由表2.1可知，$LN(IP_{it})$、$LN(ED_{it})$、$LN(FT_{it})$、$LN(DT_{it})$和

LN（ART_{it}）均在水平条件下平稳，不存在单位根，对数形式增加了数据平稳性。伪回归问题可避免，可进一步对数据进行回归。GMM 一般不定义拟合优度及 F 统计量，也不定义赤池信息原则，取而代之的是目标函数通过迭代而达到的最小值 J 的统计量和以 J 统计量为依据的 Sargan 检验。GMM 的拟合结果如表 2.2 所示。

表 2.2　动态面板数据拟合结果

因变量：LN（IP_{it}）					
LN（IP_{it-1}）（t - Statistic）	LN（ED_{it}）（t - Statistic）	LN（FT_{it}）（t - Statistic）	LN（DT_{it}）（t - Statistic）	LN（ART_{it}）（t - Statistic）	Sargan 检验 P 值
0.236***（12.751）	0.118***（2.650）	0.120***（2.753）	0.481***（7.573）	0.398***（7.636）	0.608

由表 2.2 可知，Sargan 检验 P 值大于 0.05，不存在工具变量过度识别的问题。企业各技术获取模式对创新绩效的影响均是显著的，但不同技术获取模式对企业创新绩效的提升效果存在差异。企业内部技术获取、国外技术获取、国内技术获取和外部技术二次创新对创新绩效的影响系数依次为 0.118、0.120、0.481 和 0.398，均通过了显著性检验。对企业创新绩效提升效果最明显的是国内技术获取，技术二次创新次之，企业内部技术研发和国外技术获取效果最小。这表明中国企业在技术获取的过程中充分利用了产学研合作，同国内其他企业或学、研方的技术交流频繁，同时实现了对外部技术的学习和消化吸收，企业通过国内产学研合作获取技术，并对这些技术进行内化是提升创新绩效的最有效方式。但中国企业自身技术研发对创新绩效的贡献不高，自主创新能力仍有所欠缺，容易形成外部技术依赖；同时国外技术对其创新绩效的贡献也较低，企业在利用国外先进技术上可能存在效率问题。

经基于 GMM 的回归验证，文章基本得出了和之前研究相同的结论：企业技术获取对创新绩效存在正向影响，但不同的内外部技术获取方式对创新绩效的提升效果有所差异。这为后文系统研究企业技术获取提升创新绩效的机制，深入剖析企业技术获取的完整过程，搜寻企业技术获取提升创新绩效的传导路径，并对这一过程中存在的技术风险进行识别和规避奠定了基础。

2.3 企业技术获取提升创新绩效的机制构建与分析

2.3.1 基于系统观的企业技术获取提升创新绩效过程分析

系统科学（系统理论）在20世纪40年代蓬勃兴起，以系统为研究和应用对象。系统理论认为系统是由相互联系、相互作用的要素（部分）组成的具有一定结构和功能的有机整体。以系统论、控制论、信息论、耗散结构理论、协同学、超循环论、突变论等为代表的系统科学理论致力于解决一般系统演化的机理和规律问题，其中的非平衡耗散结构、协同性等概念，不仅适用于自然系统，对社会经济系统的研究也具有极为重要的方法论意义[160]。系统观就是指以系统的观点看自然界和社会经济系统，对系统构成要素、要素间的相互关系、要素在系统中的作用和地位等问题进行深化分析；对系统所处的时空位置、演化趋势及其与其他系统的关系进行进一步探讨。在进行分析时可根据研究需要将系统划分为多个子系统，进而进行更为深入的研究。

若从系统观的角度出发，将企业技术获取提升创新绩效的整个过程视为一个系统过程，该系统是典型的复合系统，各要素间存在复合而非纷繁的作用关系，同时该系统具备了复合系统的特征：

一是开放性。企业在技术获取过程中与学、研双方展开有目的地广泛合作，企业开放其组织边界吸收能为之所用的先进技术。通过技术的吸收、识别、筛选与应用，企业得以实现创新绩效提升的最终目的[161]。二是远离平衡态。企业技术获取提升创新绩效各子系统在特定时间处于不同的发展状态，各子系统对系统整体的作用方式不同，同时不同子系统的角色定位、功能分工等也不尽相同。三是通过随机涨落实现系统由无序到有序的变化。企业技术获取提升创新绩效系统存在随机涨落现象：企业外部技术资金支出的变化，与学、研双方合作项目的增减，自身对外部技术学习水平的改变等。这些涨落引起子系统优劣势的随机变化，使系统与外部进行物质、能量、信息的交换，形成耗散结构[162]。

研究企业技术获取提升创新绩效的系统运行全过程，需研究的具体内容有企业技术获取提升创新绩效系统的构成要素各要素在系统中的地位及作用、要素间相互关系与作用结构、要素作用方式及效果等。

(1) 企业技术获取提升创新绩效的系统要素。企业技术获取提升创新绩效过程中涉及的主要要素可主要分为方式要素和结果要素。方式要素即为企业技术获取的方式，具体以技术源的选择的形式实现；结果要素即创新绩效，通过创新绩效提升的客观效果实现。按照企业技术获取模式的分类，企业技术源主要包括企业自身、其他企业和学研合作伙伴。其中企业自身作为技术源主要包含两方面的内容：一是企业直接通过技术研发获取技术，二是企业通过对外部技术二次创新，掌握并实现外部技术内化[162-164]。其他企业主要是指技术领先或行业主导企业。技术吸收企业在通过其他企业完成技术获取的过程也可理解为模仿创新的过程。学研合作伙伴是指高等院校或科研院所，企业通过项目合作，技术、人才交流等方式在学研方获取技术。

(2) 企业技术获取提升创新绩效的系统要素关系及作用方式。主要包括企业通过技术获取提升创新绩效的过程中各方式要素间的协同关系，各方式要素与结果要素间的互动关系，各方式要素协同与结果要素间的关系等。在确定各要素间存在互动关系的基础上，进一步研究企业技术获取提升创新绩效的系统要素作用方式，搜寻企业技术获取提升创新绩效的传导路径，对比不同方式要素在对结果要素产生影响时作用方式的相似性和差异性。

(3) 企业技术获取提升创新绩效的系统要素作用反馈。主要是指对企业在通过技术获取提升创新绩效的过程中存在的风险进行识别、预警和规避的过程，企业通过对技术风险的识别、预警和规避，构建技术获取风险预警体系，针对风险预警达成信息反馈，通过调整技术获取策略，整合技术资源，完善技术获取结构，规避技术封闭风险及技术依赖风险，实现整个系统的发展与升级。

2.3.2　企业技术获取提升创新绩效的机制构建

将企业技术获取提升创新绩效的整个过程视作一个完整系统，按照系统运行的逻辑顺序完成机制的构建，企业技术获取提升创新绩效的机制包括机制的输入、处理、运行、输出和反馈。企业技术获取提升创新绩效的技术源选择即机制的输入，在企业技术获取系统耗散结构存在的基础上，完成外部有价信息资源的流入。输入是机制得以存在的基础，是处理、运行、输出和反馈产生的前提。企业技术获取提升创新绩效的技术源协同即机制的处理，反映技术源互动协作的主要形式，完善的处理过程能够使得企业技术获取对创新绩效的提升更具系统性和目的性。处理是机制的重要组成部分，是分析机制运行的必要准备。企业技术获取提升创新绩效的路径传导即机制的运行，能够刻画企业技术获取提升创新绩效的具体路径，并对企业技术获取提升创新绩效的关键节点进行判断。运行是机制的核心部分，对理清企业技术获取提升创新绩效的逻辑脉络具有重要意义。企业技术获取提升创新绩效的风险预警即机制的输出和反馈，反映企业通过技术获取提升创新绩效过程中的风险识别与规避，是系统根据输入、处理和运行结果对系统所处状态的进一步判断。输出和反馈是机制鉴别输出结果并进行反馈处置的重要管理决策工具。企业技术获取提升创新绩效的机制如图 2. 1 所示。

2. 3. 3　企业技术获取提升创新绩效的机制分析

由 2. 3. 2 的分析可知，企业技术获取提升创新绩效的机制包括输入、处理、运行、输出和反馈，分别对应企业技术获取提升创新绩效的技术源选择、技术源协同、路径传导和风险预警。下面分别对技术源选择、技术源协同、路径传导和风险预警进行进一步分析，为后文的具体研究奠定理论基础。

2. 3. 3. 1　企业技术获取提升创新绩效的技术源选择

企业技术获取提升创新绩效的技术源选择对应机制的输入，是企业以提升创新绩效为目的而进行的开放组织边界，搜寻合作伙伴，选择合作方式，取得内外部技术的过程，是机制形成的基础。企业迫于经济利益的需求驱动，进行一系列技术创新活动，以实现创新绩效的显著提升，在这一过程中企业对技术的需求是普遍并长期存在的。获取技术的首要方式就是进行自主的技术研发，由此便形成了以企业自身为代表的内部技术源。但企业资源的有限性和技术需求形成了通过内部技术源并不可能调节的矛盾，因此企业会转而寻求外部技术来解决这一矛盾，企业技术获取的耗散系统便得以形成，外部技术源也逐渐明确为学、研合作方。企业在通过外

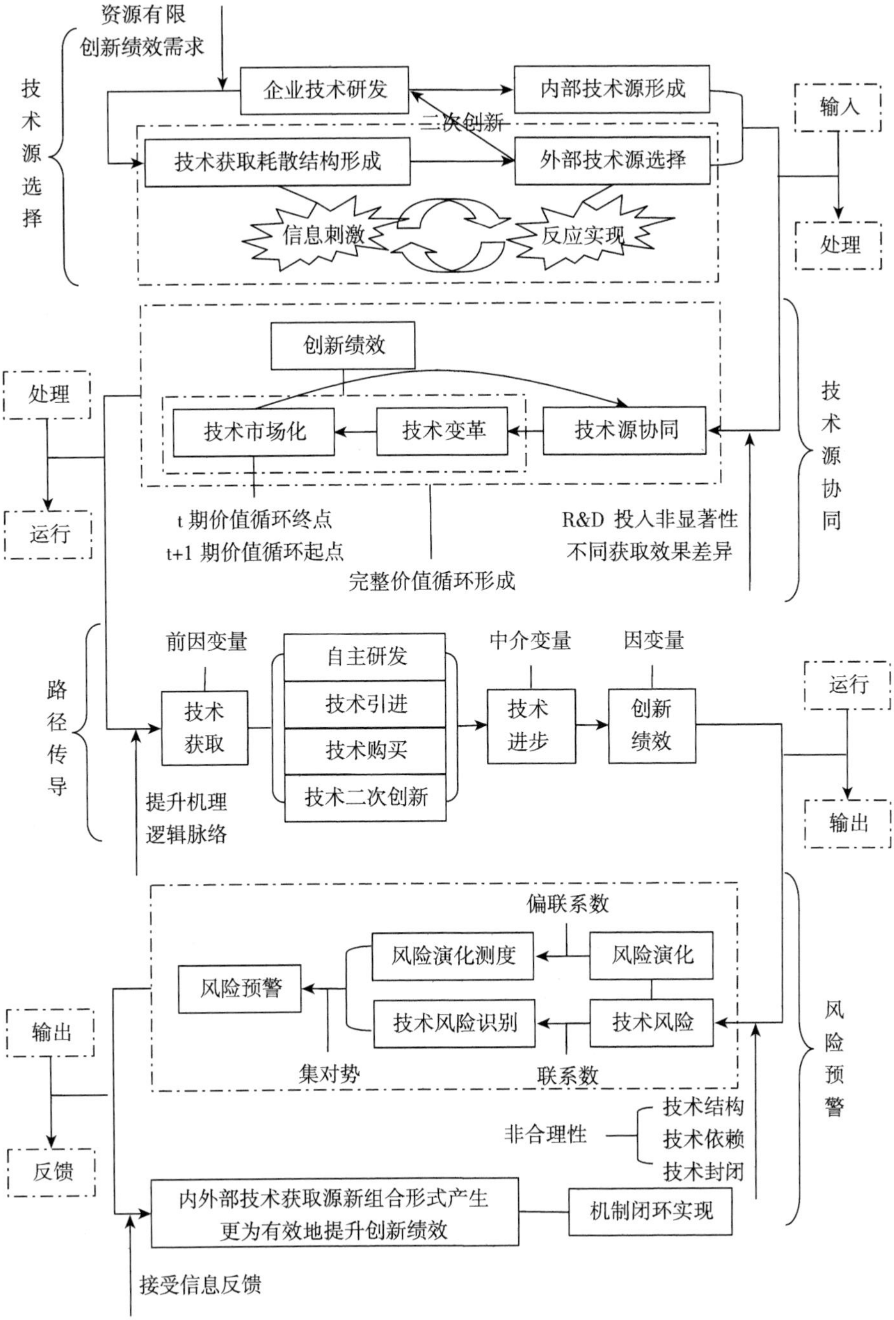

图 2.1　企业技术获取提升创新绩效的机制

部技术源获取技术的同时，内部技术源参与其中的主要方式是对外部技术的二次创新。这是因为企业外部技术获取的过程并不终结于技术的获取，而是终结于技术的吸收和应用。通过对外部技术的吸收和应用，企业实现了自身研发力量的参与，同时也完成了对外部技术的二次创新。

在企业获取和利用外部技术的过程中，通过不断吸收外界刺激，解读政策动态，洞悉市场环境，明确技术差距和进行自身匹配，实现对外部信息的收集。在对所收集到的信息进行分类整理后，实现信息的整合。以搜集到的信息为基础，以信息整合为依据，企业会根据自身特点做出反应，选择外部技术源以及与外部技术源的合作方式：技术购买、合作研发、技术联盟、技术外包等等。除对外部技术源及与外部技术源合作方式的反应外，企业还会对获取技术自身做出反应，这种反应就是对外部技术吸收和应用的反应，即技术学习的反应。

由此可见，企业技术获取提升创新绩效的技术源选择主要包括技术源的形成和技术源的选择过程。其中技术源的形成包括内部技术源形成与外部技术源形成，内部技术源的形成多是出于根植与企业内部的利益追求，而外部技术源的形成则是利益需求与资源有限的共同作用结果。技术源选择过程则是指企业吸收信息，整合信息并作出反应的过程，反应结束即为技术源、技术源合作组合形式、合作方式的确定。

2.3.3.2　企业技术获取提升创新绩效的技术源协同

企业技术获取提升创新绩效的技术源协同对应机制的处理，是指企业在多渠道技术获取中，各技术源协同演进，共同推动创新绩效的提升，同时企业自身对技术源结构组成进行调整完善的过程，是机制形成的重要组成部分。企业在完成技术源选择后普遍会形成多种技术获取模式，因为在激烈的市场竞争和经济全球化进程中，仅仅依靠企业内部自主技术研发或单纯依靠外部技术购买引进均不可能给企业带来技术的持续进步及创新绩效的稳步提升。因此，考察各技术源的协同作用效果就显得尤为必要。企业进行技术获取的最终目的是提升创新绩效，尤其是形成创新绩效的最终表现形式。但不同技术源对企业创新绩效的影响效果差异明显，且受到诸多因素的影响[80]。为此，研究企业技术获取提升创新绩效的技术源协同，从技术源协同的视角分析企业技术获取提升创新绩效的处理过程，并通过对企业创新绩效的进一步分类，需找企业技术的完整价值循环。

企业统筹分配技术源的过程，实质上是对技术源的进一步处理过程。技术吸收企业通过实现各技术源协同发展，进而达到提升创新绩效的目的。这一过程的理论逻辑为：企业通过多种技术获取模式协同作用掌握了先进技术，形成了技术变革所带来的阶段性创新绩效，借助技术市场开拓形成了技术商业化的能力，带来了经济收益，即创新绩效的最终表现形式，根据经济利益的反馈信息，对技术获取模式的结构进行重新组合，使得技术获取的协同程度进一步提升，使得技术的完整价值循环得以形成。

由此可见，企业在进行以创新绩效为目的的技术获取活动时，进行着复杂的信息处理，通过技术源协同实现了自我发展与完善，企业创新绩效的最终表达形式实质上在技术价值循环中充当了当期的终点和下期的起点，这就使企业技术获取提升创新绩效的系统组织要素与结构趋于稳定，整个系统得以长期存在并获得发展。

2.3.3.3　企业技术获取提升创新绩效的路径传导

企业技术获取提升创新绩效的路径传导对应机制的运行，反应企业技术获取提升创新绩效的内在机理与具体形式，是机制的核心部分。研究企业技术获取提升创新绩效的路径传导实质上就是研究企业技术获取提升创新绩效的具体形式，并寻找其中的关键节点，即企业技术获取通过何种方式、什么变量提升创新绩效。自主研发、技术引进或技术购买理论上都能够导致企业创新能力的提升和创新绩效的提升[165-167]。对于包括我国在内的广大发展中国家而言，先进技术的外部引进又被视为技术赶超的捷径[168][169]。而若将技术获取行为完整的扩展到技术的消化吸收二次创新阶段，企业通过技术的创造性获取，实际上直接导致了技术能力提升和技术进步。最典型的例子就是跨国公司的技术扩散与技术外溢导致的技术接收国全要素生产率提升[170][171]。严格意义上讲，技术获取是创新绩效的前置影响因素，而非直接影响因素，技术进步则在这种因果关系中扮演中介影响因素的角色。因此在企业技术获取提升创新绩效的逻辑分析上，技术进步扮演着重要的角色，发挥着不可替代的作用。

技术进步是企业进行技术创新活动的目标之一，也是衡量企业技术创新水平的重要依据。技术研发，技术合作，FDI 中的技术外溢均会触发技术吸收企业的技术进步，但在技术获取与创新绩效的关系研究中，很少有学者注意到技术进步的角色定位与作用形式，在研究不同技术获取模式在对创新绩效产生的影响时，技术进步的作用效果更是鲜有涉及。由此可见，首先是技术进步在企业技术获取提升创新绩效的逻辑路径中具有不可替代的重要作用，但其次是这种作用并未引起相关研究的广泛重视。那么，在研究企业技术获取提升创新绩效的传导路径时，将技术进步作为中介变量，视为企业技术获取提升创新绩效的一个重要的路径节点将有利于为企业技术获取行为提供更为清晰的判别选择依据，使企业提升创新能力更加有的放矢。

2.3.3.4 企业技术获取提升创新绩效的风险预警

企业技术获取提升创新绩效的风险预警对应机制的输出和反馈，是企业在实现创新绩效提升基础上对企业技术获取结构、方式合理性的再思考，是系统鉴别输出结果并进行反馈处置的重要管理决策工具。整个系统经输入、处理和运行过程后，企业必须对机制运行中可能存在的问题进行全局的把握，并针对这些问题对技术获取战略决策进行调整，以便保障系统的健康平稳运行。随着国际经济交流与区域经济协同的不断深化，越来越多的企业积极获取外部技术，但对外部技术的消化、吸收、改造却往往没有与其获取相匹配，平衡内外部 R&D 活动支出和内外部技术获取模式逐渐成为企业面临的新挑战。对于技术吸收企业而言，增强抵御国际市场技术风险的能力显得尤为重要[172]，这种风险主要是指大量技术引进对企业自主创新，特别是原始创新的挤出风险。因此，针对企业技术获取提升创新绩效过程中可能存在的风险必须进行准确识别。从风险演化的趋势上看，这种识别包括对风险本身的识别和对风险演化和次生风险的识别；从技术获取类型上看，原则上包括技术封闭风险识别、技术依赖风险识别和技术结构风险，但在经济全球化背景下，知识经济快速发展，技术封闭只是理论上的，因为没有企业会对能够提升其经济效应的先进技术视而不见，故在技术获取类型上的风险主要是指技术依赖风险。

对企业技术获取提升创新绩效过程中存在的技术风险进行识别后，需对这些风险进行预警，以形成反馈，达到鉴别系统输出结果，完成风险处置和规避的目的。风险预警主要包括对技术依赖风险本身的预警和对技术依赖风险演化的预警。中国企业通过风险处置与规避，将进一步完善技术获取策略，调整技术源组成结构，开展新一轮技术源选择，促使内外部技术获取源新的组合形式产生。

2.4　本章小结

本章首先从企业技术获取提升创新绩效的机制内涵入手，分别界定了企业技术获取和企业创新绩效的内涵，定义了企业技术获取提升创新绩效机制的内涵。其次是对中国企业技术获取提升创新绩效的效果进行了检验，证明了这种提升效果在中国的显著性。再次是从系统观的角度出发，分析了企业技术获取提升创新绩效的整个过程，分别对系统要素，要素作用方式，作用效果等进行了解读。最后，设计并构建了企业技术获取提升创新绩效的机制框架，从逻辑上分析了机制的输入、处理、运行、输出和反馈过程，以此为基础，进一步分析了与输入、处理、运行、输出和反馈过程相对应的企业技术获取提升创新绩效的技术源选择、技术源协同、路径传导、风险预警过程，为下文的展开讨论奠定了基础。

第 3 章　企业技术获取提升创新绩效的技术源选择

本章将解决第 2 章构建的企业技术获取提升创新绩效机制中的输入问题，即技术源的选择问题。企业技术获取对创新绩效的提升始于企业所进行的技术获取活动，而企业进行技术获取活动首先面临的就是技术源的选择。内部研发是企业获取技术的最基本方式，但随着经济全球化趋势日益明显，知识和技术的交流日益密切，企业通过技术交流与合作从外部获取技术成为了技术获取的重要组成部分，甚至替代了内部研发，成为技术获取的主要方式[173][174]。企业进行外部技术获取就必须使其外部技术获取系统形成耗散结构，吸收外界刺激，并作出反应。因此，本章将在对企业内外部技术源组成进行分析的基础上，进一步研究中国企业外部技术获取系统的耗散性特征和结构，并以刺激—反应模型为基础，详细描述中国企业内外部技术源选择和进行技术整合的整个过程。

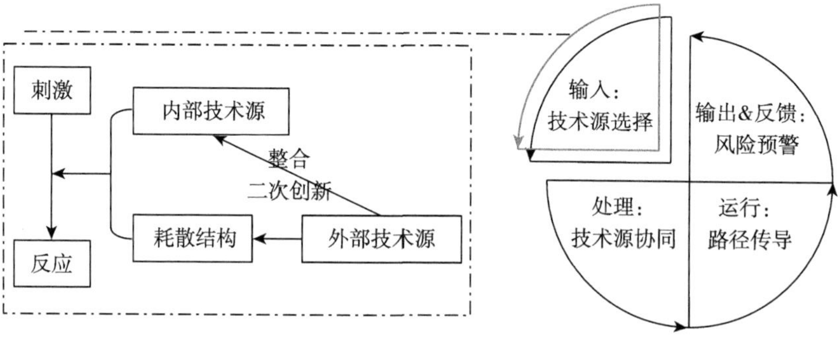

图 3.1　企业技术获取提升创新绩效的技术源选择分析框架

3.1　企业技术获取提升创新绩效的技术源组成结构分析

3.1.1　内部技术源分析

知识经济时代，企业要想在激烈的市场竞争中生存并发展，就必须通过技术创新提升自身工艺或产品的核心竞争力，持续地进行技术研发或利用外部技术。在企业资源和技术研发水平允许的情况下，通过内部技术研发获取企业发展所需的新技术是企业的首选，由此便形成了企业的内部技术源：企业利用自身资源，动用其自身的人力、资金和知识储备，独自开发某种新产品或新工艺。拥有技术实力的企业往往将 R&D 视为企业生存的保障，经常从企业内部研发中获取技术。由于内部技术研发需要时间、人力和资金上的投入，因而要求企业对技术需求的迫切性不高，同时能够承担一定的技术风险，但内部技术相对外部技术能够使企业获得较高的技术地位。

企业进行内部技术研发的具体形式是 R&D 内部经费投入，以研发人员或团队为知识载体得以实现，而进行核心技术的研发更多的是依靠出色的研发团队。因为随着产品系统的复杂程度日益提高，依靠单独技术人员完成整个研发过程显得越来越不切实际，研发团队成员的分工合作就变得尤为重要[175]。通过技术研发分工与合作，实现技术团队的知识共享和转移，并在这一过程中不断发现、积累和创造新知识是团队技术研发的优势。一项复杂的技术研发活动可能涉及到多个研发团队，以便各自承担不同阶段的研发任务。同时，研发团队与外界有着密切的联系，这种联系主要包括与企业内部其他团队的联系和以及与企业外部环境的联系。企业研发团队与企业内部其他团队，如营销团队、生产团队的关系密切，这些团队既是研发团队的技术知识来源单位，也是企业研发团队技术知识输出的接收单位。企业研发团队与外部环境的联系可以视作企业外部技术获取的重要组成部分[176]。

企业内部技术源是企业获取技术的基本形式，对企业而言意义非凡：一是企业内部技术源是企业技术获取最稳定的技术源。相对于外部技术源，内部技术源根植与企业内部，受外界影响小，易于控制和掌握，便于技术资源的使用和调配。二是企业内部技术源是企业提升自主创新能力的核心基础。内部技术研发是企业由模仿创新走上自主创新的必由之路。

3.1.2　外部技术源分析

经济全球化背景下，企业仅凭借自身的创新资源和研发能力已难以满足其对新产品、新技术的需求，寻求外部技术资源合作正逐渐成为企业建立竞争优势和巩固市场地位的重要策略[177]。企业通过产学研合作获取外部技术是获取外部技术资源的重要表现形式。受限于发展中国家的科学技术水平，国内外部技术源有时难以满足企业的技术需求，因而在激烈的国际市场竞争中寻求跨国合作，引进国外先进技术成为其获取外部技术的重要方式[178]。对外部技术源的分类可以从两个角度展开，一是按技术的来源主体划分，可将外部技术源划为学、研合作方及其他技术提供企业；二是按技术来源的国界划分，可将外部技术源分为国内技术提供方产学研单位和国外技术提供方产学研单位。

按企业在外部技术获取过程中的参与程度由低到高，企业通过外部技术源获取技术的方式主要包括：购买设备及服务[179]、技术收购[180]、研发外包[181]、技术联盟[182]、技术合资[183]。

购买设备或服务是指企业不进行技术内部研发，也不进行外部技术收购，而是选择从既已掌握技术的企业手中直接购买设备或服务，从而获得设备或服务中的潜在技术。其特点是成本低，时间快，但企业参与程度很低。

技术收购是指企业对学研方或其他企业的产品、工艺、营销、售后等相关技术的购买。技术收购通常发生技术含量高的高科技领域。判断技术收购的准则主要是以下两点：一是技术是企业收购的主要动机，或技术是被收购资产的一部分。二是被收购企业在收购行为发生前 5 年存在申请专利行为。满足以上两个条件之一即为技术收购，否则即为非技术收购。企业参与程度不高。

研发外包是指在技术合作中，由一方提供资金，并以契约的方式委托另一方或另一技术联盟、合资单位提供其所需的技术成果。被委托方包括高校、研究院所、企业等；技术成果包括新产品、新工艺、新技术、新思路等。

技术联盟与技术合资的概念相近。技术联盟是指具有独立法人地位的企业与其它经济组织建立的合作关系。技术联盟对参与联盟的各方未来发展具有战略意义。国外许多学者把技术联盟称之为战略联盟（Strategic Alliance）。而技术合资指两个或以上具有独立法人地位的企业为了共同的技术追求，将其技术资源合拼，并共同分享技术利润、支出和风险。技术合资较之技术联盟更为正式，形式上也更为严谨。

外部技术源充分解决了技术需求企业技术需求迫切性和资源有限性之

间的矛盾，使得企业能够开辟新的技术获取模式，获得发展过程中急需的先进技术，实现了企业技术水平的快速进步，是后发企业进行技术追赶的重要基础。但过多的利用外部技术，易于形成外部技术依赖风险，因此企业必须在对外部技术的引进和利用过程中进行技术学习和整合，实现对外部技术的消化吸收。

3.1.3　技术源的整合与二次创新

企业利用内外部技术源获取的技术是相对单一和孤立的，尤其是对外部技术源而言，技术获取行为不应结束于技术的获得，而应终于技术的习得与应用。所以需企业投入自身研发资源，对外部技术进行消化吸收和改造。企业通过在外部技术获取过程中的主动技术干预，不但能够实现对外部技术的习得性掌握，也能够在对外部技术的消化吸收和改造过程中提升自身技术创新水平。企业在技术获取过程中动用自身的创新资源，通过系统集成的方法评估、选择适宜的新技术源，并将新技术源提供的技术与企业现有技术有机融合，从而创造出新产品或新工艺的创新方法即为技术源的整合。从实质上看，技术源的整合就是进行以下两个方面的工作：一是对外部技术进行消化吸收和改造，二是结合自身技术基础力图实现技术的二次创新[184]。从整合的内容看，技术源整合可以是同领域新旧技术的融合，内外部技术的结合；也可以使多学科、跨行业的技术较差融合。技术源整合过程依靠技术源间的广泛合作得以实现，这种合作多表现为产学研合作。

企业进行技术源整合的过程也是技术风险规避的过程。因为在技术进步加快的环境下，技术创新过程风险明显增加，并直接影响企业竞争实力的变化与迁移。即便是一些技术基础较好的企业，也必须面临自主创新的失败[185][186]。技术源整合过程是一种更有效的创新管理方法和规程，把已经获取的内外部技术的每一个技术细节都链接起来，这对创新绩效的贡献是多方面的[187]。

综上，企业技术获取提升创新绩效的技术源即企业为实现创新绩效提升，搜寻企业所需的先进技术而在技术创新过程中依仗的技术提供方或来源渠道。企业技术获取提升创新绩效的技术源结构包括内部技术源、外部技术源、外部技术二次创新。内外部技术源通过技术吸收企业结合自身技术基础进行的二次创新过程实现联接。

3.2 企业技术获取系统耗散结构分析

企业在技术获取，特别是外部技术获取的过程中，必须开放组织边界，形成开放系统，实现与外部技术源的能量和物质交流。企业技术获取系统的耗散结构形成是技术源选择、合作、协同，并显著提升创新绩效的前提基础。

耗散结构理论由诺贝尔奖得主，比利时物理学家普里戈金在对热力学第二定律的研究基础上得出。普里戈金在研究中将宏观系统分为三类：孤立系统、封闭系统和开放系统。其中孤立系统与外界环境不产生物质和能量交换；封闭系统只与外界环境产生能量交换，不产生物质交换；而开放系统与外界环境既有能量交换也有物质交换。耗散结构理论的研究对象就是开放系统。耗散结构是指一个远离平衡态的非线性的开放系统（不管是物理的、化学的、生物的乃至社会的、经济的系统）通过不断地与外界交换物质和能量，在系统内部某个参量的变化达到一定的阈值时，通过涨落，系统可能发生突变即非平衡相变，由原来的混沌无序状态转变为一种在时间上、空间上或功能上的有序状态[188][189]。

3.2.1 企业技术获取系统的耗散性特征分析

耗散结构形成需满足以下特征条件：首先是开放性。耗散结构形成于开放系统，系统必须能够同外界环境进行物质和能量交流。其次是系统必须远离平衡态。若系统是孤立系统或封闭系统，那么耗散结构必然不可能形成，但若开放的系统处于平衡态或近乎平衡态，耗散结构还是不可能形成。系统向有序方向进化，必须处于可能发生突变的远离平衡态状态。再次是是系统的不同元素之间存在着非线性的机制。所谓系统元素间的线性关系即一一对应关系，如元素 φ 的 α 级变化引致元素 φ 的 α 级变化，φ 的 $n\alpha$ 级变化引致 φ 的 $n\alpha$ 级变化。在线性关系下，耗散结构即便是在远离平衡态的开放系统中也不可能形成。而非线性关系即非一一对应关系，元素 φ 的 α 级变化引致元素 φ 的 $n\alpha$ 级变化，此时耗散结构可能出现。最后是系统存在随机涨落现象。随机涨落并非必然产生有序的耗散结构，因为由“微涨落”引起的“巨涨落”在系统进化处于分叉区间会引起不止一种结果，它既可能产生有序的耗散结构，也可能产生更加混乱无序的结构[190]。在涨落过程中某个分叉附近，涨落或随机因素起着很重要的作用，而在刚过一个分叉、下一个分叉来临之前，决定论的方面处于支配地位。即系统在临近分叉处，存在着非线性机制，“微涨落”会引起“巨涨落”，而在两个分叉处之间，仅存在线性关系。因此，当在非线性机制作用下，远离平衡态的系统通过“涨落”形成新的有序结构或耗散结构后，该耗散结构会在一定时期内处于相对稳定的状态，直至下一个分叉点的到来[191]。

下面将就企业技术获取系统的开放性、远离平衡态、非线性机制和随机涨落现象这四个特征进行分析。

（1）开放性。企业技术获取系统的开放性主要体现在与外界环境的物质和能量交流上。物质的交换主要通过人才流动和资金流动实现。企业在进行技术获取的过程中通过技术联盟，合作研发，实现研发团队的外部交流，人才素质提升，结构重组等。企业通过技术购买，技术外包等对外支出 R&D 资金，与外界学研合作伙伴进行资金交流。能量交换主要是技术的交流，企业在技术获取过程中不断获取新技术，自身技术水平提升的同时也帮助技术提供方实现技术能量的商业化和市场化转换。

（2）远离平衡态。企业技术获取系统与外界环境进行能量和物质交换的势能源于非平衡。技术获取企业与技术提供方的技术能力非平衡性导致了技术流动的持续出现，随着技术的流入与流出，技术获取企业与技术提供方的技术研发团队，技术资金结构以及其所掌握的其他技术资源均会发生相应变化，朝有序方向发展。同时，企业技术获取系统内部各要素也处于非平衡状态。企业 R&D 外部支出强度与结构的变化，技术团队教育水平、技术理念、学科结构的变化等等。

（3）非线性机制。企业技术获取系统各元素间存在复杂的作用关系，非一一对应关系在企业技术获取系统中广泛存在。例如，一个前瞻性技术决策的完整实施可能使企业获得该领域或行业中的核心技术，企业可能通过原创活动在行业中获得决定性的技术话语权。一次成功的技术人才或团队引进，也可能使企业掌握根植于该人员或团队中的潜在技术，从而在短时间内达到技术水平的跨越式发展。一项技术引进项目失败而带来的资金透支会造成企业资金链断裂，甚至影响到下一期的技术获取活动，造成企业的持续亏损。

（4）随机涨落现象。在非线性机制的作用下，当系统远离平衡态时，一个随机的微涨落可能通过非线性耦合和连锁效应被迅速放大，形成整体上的巨涨落。这种情况在企业技术获取系统中通常表现为自上而下的连锁效应：技术决策层技术战略的随机微涨落在企业具体的技术获取行为实施中会使系统产生突变，形成分叉，或是脱离原有的无序状态进入新的有序耗散系统，或是产生更加混乱无序的结构。此时处理好突变点的线性关系将使系统由无序到有序的转变得以实现。

3.2.2 Brusselator 模型及其经济学转译

Brusselator 模型最早被称为"三分子反应模型"[192]，由于其由普里戈金领导的比利时 Brusselator 学派研究得出，也称 Brusselator 模型[193]，是用于表达和解释耗散结构建立的数学条件、分析方法的模型。Brusselator 模型是一个耗散结构演化的动力学模型，该模型是描述化学反应过程中元素变化的一类扩散方程组，其化学反应方程式如下[194]：

$$\begin{cases} A \xrightarrow{k_1} X \\ B + X \xrightarrow{k_2} Y + D \\ 2X + Y \xrightarrow{k_3} 3X \\ X \xrightarrow{k_4} E \end{cases} \tag{3-1}$$

其中 A 与 B 为反应物，在化学反应中不断消耗，但可从外界得到持续补充，浓度在反应过程中保持不变；D 和 E 为生成物，一经生产即被取走，浓度在反应过程中保持不变，使反应得以正常进行；X 及 Y 为反应因子，两者在反应过程中浓度可变。第三组反应相对特殊，因为此组反应为自催化反应，即 X 既是反应物也是生成物，该反应使 X 的数量增加。k_1、k_2、k_3、k_4 为反应中的催化剂，即反应速度系数，其直接影响反应速度。

根据上述描述，应用在化学领域的 Brusselator 模型在经济学领域存在类似隐喻，现将这种隐喻作经济学转译：

反应过程：影响过程。将 Brusselator 模型描述的化学反应过程看作经济学中的影响过程。由于经济系统并不可能像化学反应一样运行，因此这种反应多理解为要素之间的影响关系。

反应物——反应因子：自变量——因变量。以第一组方程为例，A 作用于 X 的过程即自变量 A 影响因变量 X 的过程。A 作为自变量在影响过程中通过各种资源投入得到持续补充，X 作为因变量经 A 影响后浓度发生改变，如投入对产出的影响。

生成物：习得或获取。经济实体在实现因变量对自变量的显著影响过程中，存在对经济规律或知识技术的习得与获取，在影响过程结束后实体会拥有这种习得或获取，相当于反应结束即被取走。

反应速度系数：影响所需时间或滞后期。当期投入对产出的影响往往存在一定的滞后期，即基期投入影响下一期或第 n 期产出。

浓度增加 & 减少：产生正 & 反向影响。仍以第一组方程为例，在 A 对 X 的影响过程中，对应化学反应中 X 的浓度增减，可理解为经济学中 A 对 X 的正 & 反向影响。

经转译后的 Brusselator 模型能够应用到经济系统中，用于分析特定经济系统的耗散结构。

3.2.3　中国企业技术获取系统的耗散结构验证

3.2.3.1　模型描述

利用 Brusselator 模型分析企业技术获取系统的耗散结构，需进一步将 Brusselator 模型的经济学转译运用到企业技术获取系统中来。企业通过技术获取提升创新绩效需经历两个重要阶段：一是通过对技术源的经费支出，实现技术的获取；二是以已获取的技术为基础，对获取的技术进行整合，完成技术的二次创新，并实现技术的商业化和市场化。技术商业化和市场化实现又会对新一轮技术获取产生反馈作用。这一过程与 Brusselator 模型描述的化学反应过程及经其转移的经济过程极为相似。因此，在验证企业技术获取系统耗散结构时，Brusselator 模型的各要素转译如表 3.1 所示。

表 3.1 Brusselator 模型的要素转译

要素	转译	要素	转译
A	技术获取经费投入	B	技术二次创新经费投入
X	创新绩效	Y	技术能力水平
D	技术收益	E	技术外溢
k_1	技术获取对创新绩效影响滞后期倒数	k_2	技术成果市场化时间倒数
k_3	技术学习时间倒数	k_4	技术外溢时间倒数

由表 3.1 可知，A 和 B 作为“反应物”，通过经费的持续投入保证在反应过程中浓度不变。D 主要用于弥补技术获取成本（薪酬支付、设备折旧）和企业家机会成本（技术决策的风险补偿），对当期技术获取不产生影响，一经产生便离开反应系统。E 为技术获取企业吸收的技术提供方的技术外溢。X 为创新绩效，根据前文论述，可分为阶段性创新绩效和创新绩效最终形式两类。Y 为技术能力水平。那么显然，式（3 - 1）所描述的子催化反应就可理解为阶段性创新绩效经企业自身技术的完善与二次创新形成了技术的市场化和商业化能力。k_1、k_2、k_3、k_4 分别为各组反应的“反应速度”。

基于 Brusselator 模型各要素的转译，式（3 - 1）的每一个方程式所描述的反应过程分别为：

A（技术获取经费投入）$\xrightarrow{k_1}$ X（创新绩效）。表示企业在进行技术获取投入后，可以产生创新绩效“浓度”的提升，即企业技术获取经费投入对创新绩效产生正向影响，这一过程中的创新绩效主要指由技术变革形成的阶段性创新绩效。k_1 可理解为技术获取对创新绩效影响的滞后期倒数。

B（技术二次创新经费支出）$+X \xrightarrow{k_2} Y$（技术水平）$+D$（技术收益）。表示企业在取得阶段性创新绩效提升后，通过技术的消化吸收和改造，实现了自身技术能力的提升和技术进步水平的进步，取得了技术收益，完成了技术的商业化和市场化。k_2 为技术成果市场化时间倒数。

$2X+Y \xrightarrow{k_3} 3X$（创新绩效自催化）。表示经技术学习，获得技术能力和技术进步的企业形成了技术转化能力，通过对已获取技术的自主学习，实现了创新绩效的进一步提升。k_3 为技术学习时间倒数。

$X \xrightarrow{k_4} E$（技术外溢）。表示技术获取企业进行技术追赶和吸收技术外溢的过程。对于模仿创新的企业而言，在其吸收技术外溢时，这种由技术领导企业造成的技术外溢已经形成，故 k_4（技术外溢时间倒数）对于模仿创新企业而言为非正值。

依据质量作用定律和转译后的 Brusselator 模型，结合原有反应过程，可建立求解 Brusselator 模型的动力学方程，Brusselator 模型反应扩散方程组为：

$$\begin{cases} \frac{dX}{dT} = k_1 A - k_2 BX + k_3 X^2 Y - k_4 X \\ \frac{dY}{dT} = k_2 BX - k_3 X^2 Y \end{cases} \tag{3-2}$$

在稳态点附近对系统作线性稳定性分析时，对于系统出现自组织耗散结构的基本条件的判断主要存在两种计算结果，造成这两种计算结果判别依据差异的主要原因是对反应速度（k_1、k_2、k_3、k_4）赋值的差。目前对反应速度（k_1、k_2、k_3、k_4）的赋值主要有两种形式，一是假定反应速度均为常数 1[195][196]；二是针对转译的具体问题进行具体分析，结合实际情况分别确定 k_1、k_2、k_3、k_4[197]。若假定反应速度均为常数 1，则判别系统耗散结构的条件为：

$$\begin{cases} B = 1 + A^2 \rightarrow \text{定态解为稳定焦点} \\ B > 1 + A^2 \rightarrow \text{定态解不稳定，耗散结构形成} \\ B < 1 + A^2 \rightarrow \text{定态解稳定，耗散结构未形成} \end{cases} \tag{3-3}$$

若假定每个方程的反应速度不同，则判别系统耗散结构的条件为：

$$\begin{cases} k_2 k_4^2 B = k_4^3 + k_1^2 k_3 A^2 \rightarrow \text{定态解为稳定焦点} \\ k_2 k_4^2 B > k_4^3 + k_1^2 k_3 A^2 \rightarrow \text{定态解不稳定，耗散结构形成} \\ k_2 k_4^2 B < k_4^3 + k_1^2 k_3 A^2 \rightarrow \text{定态解稳定，耗散结构未形成} \end{cases} \tag{3-4}$$

本研究中经转译后的 Brusselator 模型四个方程分别表示了通过技术获取提升创新绩效的过程、技术商业化和技术进步的过程、创新绩效的自催化过程、吸收技术外溢过程。反应速度必然存在差异，考虑到转译的准确性，将采取第二种形式，即对 k_1、k_2、k_3、k_4 分别进行赋值。

3.2.3.2 指标选取与数据来源

根据前文提出的判别标准，选取中国30个省（直辖市、自治区）的数据（由于西藏部分数据缺失，将其剔除）对企业技术获取系统耗散结构进行验证。企业技术获取系统耗散结构主要是针对外部技术获取行为而言的，故反应物 A 选取各地区规模以上工业企业 R&D 外部支出来衡量。反应物 B 选取各地区规模以上工业企业技术消化吸收和技术引进经费之和表示。数据来源为《中国科技统计年鉴2013》。k_1、k_2、k_3、k_4 分别表示技术获取对创新绩效影响滞后期倒数、技术成果市场化时间倒数、技术学习时间倒数、技术外溢时间倒数，$k_1=1/4$、$k_2=1$、$k_3=1/2$、$k_4=-1/5$。需要注意的是，k_4 为负可理解为式（3－1）中第四个方程是技术获取企业吸收技术外溢的过程，在其吸收技术外溢时技术外溢已经形成。原始数据见表3.2。

表3.2 原始数据 （单位：万元）

省份	A	B	省份	A	B	省份	A	B
北京	217942	749367	浙江	297583	2540649	海南	13387	41980
天津	131721	965643	安徽	190889	1712432	重庆	67915	821678
河北	97699	1727310	福建	140270	1161662	四川	101428	1810486
山西	92876	1631037	江西	88621	586861	贵州	16488	1242334
内蒙古	28921	728810	山东	504971	3347045	云南	38383	426243
辽宁	99317	1598203	河南	119726	1403324	陕西	95680	685952
吉林	140514	605884	湖北	86467	1048077	甘肃	64369	877910
黑龙江	102570	673527	湖南	105943	3637797	青海	6596	22609
上海	385245	1567634	广东	476917	2305797	宁夏	6370	136420
江苏	368325	7438150	广西	45793	1546122	新疆	42603	141724

对表3.2的数据进行标准化处理，处理结果如表3.3所示。

$$x_{ij}^{*}=\frac{x_{ij}-x_{j\min}}{x_{j\max}-x_{j\min}} \tag{3-5}$$

式（3－5）中，x_{ij}^{*} 为第 i 个省（直辖市、自治区）企业第 j 项指标的标准化值，x_{ij} 是第 i 个省（直辖市、自治区）企业第 j 项指标的原始值，$x_{j\min}$ 为第 i 个省（直辖市、自治区）企业第 j 项指标的最小值，$x_{j\max}$ 为第 i 个省（直辖市、自治区）企业第 j 项指标的最大值。

表 3.3　标准化值

省份	A	B	省份	A	B	省份	A	B
北京	0.4243	0.0980	浙江	0.5841	0.3396	海南	0.0141	0.0026
天津	0.2514	0.1272	安徽	0.3701	0.2279	重庆	0.1234	0.1078
河北	0.1832	0.2299	福建	0.2686	0.1536	四川	0.1906	0.2411
山西	0.1735	0.2169	江西	0.1650	0.0761	贵州	0.0203	0.1645
内蒙古	0.0452	0.0952	山东	1.0000	0.4483	云南	0.0642	0.0544
辽宁	0.1864	0.2125	河南	0.2273	0.1862	陕西	0.1791	0.0895
吉林	0.2690	0.0787	湖北	0.1606	0.1383	甘肃	0.1163	0.1153
黑龙江	0.1929	0.0878	湖南	0.1997	0.4875	青海	0.0005	0.0000
上海	0.7599	0.2083	广东	0.9437	0.3079	宁夏	0.0000	0.0153
江苏	0.7259	1.0000	广西	0.0791	0.2054	新疆	0.0727	0.0161

3.2.3.3　验证结果

将表 3.3 值带入到判别式（3-4）中进行企业技术获取系统的耗散结构验证，为便于观察，将系统具有耗散结构的判别式 $k_2k_4^2B > k_4^3 + k_1^2k_3A^2$ 改写为 $k_2k_4^2B - k_4^3 - k_1^2k_3A^2 > 0$ 的形式，只需判别 $k_2k_4^2B - k_4^3 - k_1^2k_3A^2$ 大于零即可。判别结果如表 3.4 所示。

表 3.4　耗散结构判别结果（整体外部技术获取）

省份	判别结果	是/否耗散	省份	判别结果	是/否耗散	省份	判别结果	是/否耗散
北京	0.0063	是	浙江	0.0109	是	海南	0.0081	是
天津	0.0111	是	安徽	0.0128	是	重庆	0.0118	是
河北	0.0161	是	福建	0.0119	是	四川	0.0165	是
山西	0.0157	是	江西	0.0102	是	贵州	0.0146	是
内蒙古	0.0117	是	山东	-0.0053	否	云南	0.0100	是
辽宁	0.0154	是	河南	0.0138	是	陕西	0.0106	是
吉林	0.0089	是	湖北	0.0127	是	甘肃	0.0122	是
黑龙江	0.0103	是	湖南	0.0263	是	青海	0.0080	是
上海	-0.0017	否	广东	-0.0075	否	宁夏	0.0086	是
江苏	0.0315	是	广西	0.0160	是	新疆	0.0085	是

由表3.4可知，经验证，中国30个省（直辖市、自治区）绝大部分地区企业技术获取系统具有耗散结构，占到了总数的90%。这表明中国企业在技术创新活动中，能够开放自身组织边界，通过与外部进行交流而获取技术，这为进一步研究企业技术源选择和技术源协同提供了前提基础。但同时我们发现上海、山东、广东的企业技术获取耗散结构判别结果为负，即这三个经济发达或较为发达的省（直辖市）企业技术获取系统并未形成耗散结构。这一现象可以从两方面进行解释：一是这些省（直辖市）的企业自身经济发展好，技术创新水平高，并在发展过程中实现了“马太效应”，使得自身优势得以保持和扩大；二是在对企业技术获取系统耗散机构的验证中，事实上包含了从国内获取技术和从国外引进技术两个方面，那么是不是由于地处经济发达的省（直辖市）的企业更愿意引进国外技术，但对水平相对较低的国内技术兴趣不大，使得对整体的技术获取系统耗散结构验证时出现了结果的“稀释”呢？为进一步探讨部分经济发达或较为发达的省（直辖市）企业技术获取系统并未形成耗散结构的原因，特别针对中国企业国外技术获取系统耗散结构进行单独验证，验证和判别方式方法与前文所述相同，结果如表3.5所示。

表3.5　耗散结构判定结果（国外技术获取）

省份	判别结果	是/否耗散	省份	判别结果	是/否耗散	省份	判别结果	是/否耗散
北京	0.0090	是	浙江	0.0179	是	海南	0.0080	是
天津	0.0176	是	安徽	0.0142	是	重庆	0.0094	是
河北	0.0105	是	福建	0.0048	是	四川	0.0081	是
山西	0.0112	是	江西	0.0152	是	贵州	0.0117	是
内蒙古	0.0102	是	山东	0.0248	是	云南	0.0111	是
辽宁	0.0172	是	河南	0.0132	是	陕西	0.0106	是
吉林	0.0090	是	湖北	0.0121	是	甘肃	0.0179	是
黑龙江	0.0099	是	湖南	0.0151	是	青海	0.0086	是
上海	0.0168	是	广东	0.0105	是	宁夏	0.0083	是
江苏	0.0162	是	广西	0.0089	是	新疆	0.0096	是

表3.5证实了我们的推断，即在中国企业国外技术获取系统的耗散结构判别中，包括部分经济发达的省（直辖市、自治区）在内的所有区域企

业均形成了耗散结构。由此可见，企业无时不刻不在追求更为先进的技术，并在进行技术获取的过程中会依据技术水平对这些技术进行筛选，中国经济欠发达地区对国内经济发达地区和国外的先进技术兴趣较大，而经济发达地区对国外先进技术兴趣更为浓烈。

3.2.4　对 Brusselator 势函数的进一步讨论

上述运用 Brusselator 模型对企业技术获取系统耗散结构进行的验证，是针对技术吸收企业而言的，而在企业技术获取活动中，技术提供方是另一重要主体，技术获取活动由技术吸收企业与技术提供企业共同出现并参与得以完成，双方相互合作，合力实现共赢。在这一过程中，技术提供企业是技术创新的领导企业，而技术吸收企业是跟随企业，或视为技术模仿企业。针对两者的关系，我国学者苏屹（2013）利用 Brusselator 势函数，从协同学的视角进行了解释，认为 x 在反映过程中实现了自催化，并随反应进行不断增加，对于 y 而言可视为影响整个系统变化的序参量，即慢驰变量，对式（3－2）中第二个方程右边等于0：

$$Y = \frac{k_2 B}{k_3} X \tag{3-6}$$

将式（3－6）带入到式（3－1）的第一个方程中：

$$X = k_1 A - k_4 X \tag{3-7}$$

整个系统是由变量 X 支配的，对式（3－7）求解得出：

$$X = k_1 A / k_4 \tag{3-8}$$

依据式（3－7）求解系统势函数以判定 X 的稳定性，势函数如图3.2所示。

$$V(X) = (k_4 X^2)/2 - k_1 A X \tag{3-9}$$

由图3.4可知，当 $k_4/k_1 > 0$ 时，势函数如图3.2实线所示；当 $k_4/k_1 < 0$ 时，势函数如图3.2虚线所示。当 $k_4/k_1 > 0$ 时，X 平衡点是稳定的，系统趋于无序；当 $k_4/k_1 < 0$ 时，X 平衡点是不稳定的，系统便存在从无序向有序发展的可能[198]。本研究所涉及的企业技术获取系统是针对模仿创新企业而言的，对应图3.2中的虚线，正是由于对于模仿创新企业而言，其 X 平衡点是不稳定的，形成了耗散结构，使得系统由无序向有序发展。这也解释了后发企业的技术追赶，形成了与“马太效应”相对应的“张弓效

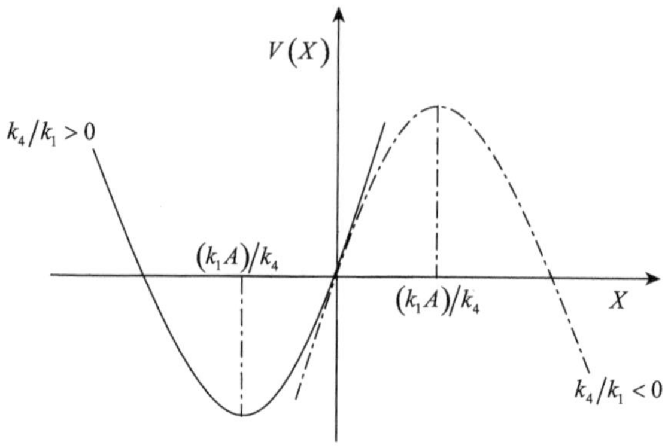

图 3.2 Brusselator 势函数

应”。在技术获取活动中，模仿创新企业通过开放组织边界，吸收既已成形的先进技术，从而在技术创新活动中获得巨大的发展机遇。综上，Brusselator 势函数反映了技术创新领导企业和模仿企业的关系，也解释了技术追赶和超越的原因。

3.3 企业技术获取提升创新绩效的技术源选择过程分析

经验证中国企业技术获取系统耗散结构，发现中国企业在技术获取中基本实现了组织边界的开放，在开展国内技术交流的同时更有意识地学习发达国家先进技术，技术源选择与合作的基本条件存在，故进一步对中国企业技术获取提升创新绩效的技术源选择过程作出分析。企业技术源选择过程是一个收集技术源信息，并通过对这些信息的识别归类，最终作出选择结果的过程，因此借助刺激—反应模型对这一过程展开具体分析。

3.3.1 刺激—反应模型

刺激—反应模型（Stimulus - Response Model）由 Holland（1995）[199]提出，该模型用于描述不同性能的适应性主体的统一方式，刻画了主体在不同时刻对环境的反应能力。模型主要由探测器（Detector）集合，IF/THEN 规则集合和效应器（Effecter）集合三部分组成[200][201]。

如图 3.3 所示，对刺激—反应模型的三大组成部分分别作出如下解释。

探测器：使适应性主体能够感知和捕捉环境刺激，得以完成适应性主体对环境进行刺激—反应的最初级任务，代表主体由环境中抽取信息的能力，决定主体存在的条件。

IF/THEN 规则集合：是表达主体行为的最基本模式，是一种描述工具，定义主体对刺激作出的反应类型。其基本形式是 IF→THEN，即 IF（若）刺激 λ 发生，THEN（则）做出反应 μ。

效应器：描述主体对运行结果的表现形式，体现在主体作用于环境的效果。

刺激—反应模型的基本原理为：主体通过探测器感知环境的刺激，并将探测到的信息与规则集进行匹配，寻找到匹配的规则后则直接激活效应器对环境产生行动（作用）或激活另一个相匹配的规则，形成“探测—匹配—激活”的反应过程循环，直至主体目标达成[202]。

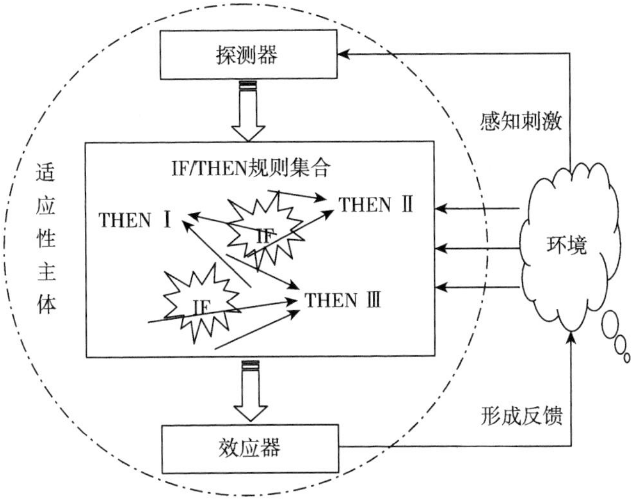

图 3.3　刺激—反应模型

在企业技术获取提升创新绩效的技术源选择过程中，企业的最终目的是选择适于企业发展现状并能够满足其长远技术规划的技术源，以到实现创新绩效目标的效果。出于自身技术瓶颈的限制，企业会产生技术获取的意愿，由此开始环境的探测，由探测器感知技术生命周期、技术需求的迫切性、技术风险等技术环境信息，完成“刺激—反应”的初级任务。在探测器接受刺激后，IF/THEN 规则集合会对技术生命周期、技术需求的迫切性、技术风险等技术环境信息做出反应，以已掌握的技术源为基础，对技术环境进行识别和分类，完成 IF/THEN 过程并做出选择。最后由将结果输送至效应器，由效应器确定最终的技术源或技术源集合。完整的企业技术获取提升创新绩效技术源选择的“刺激—反应”模型如图 3.4 所示。

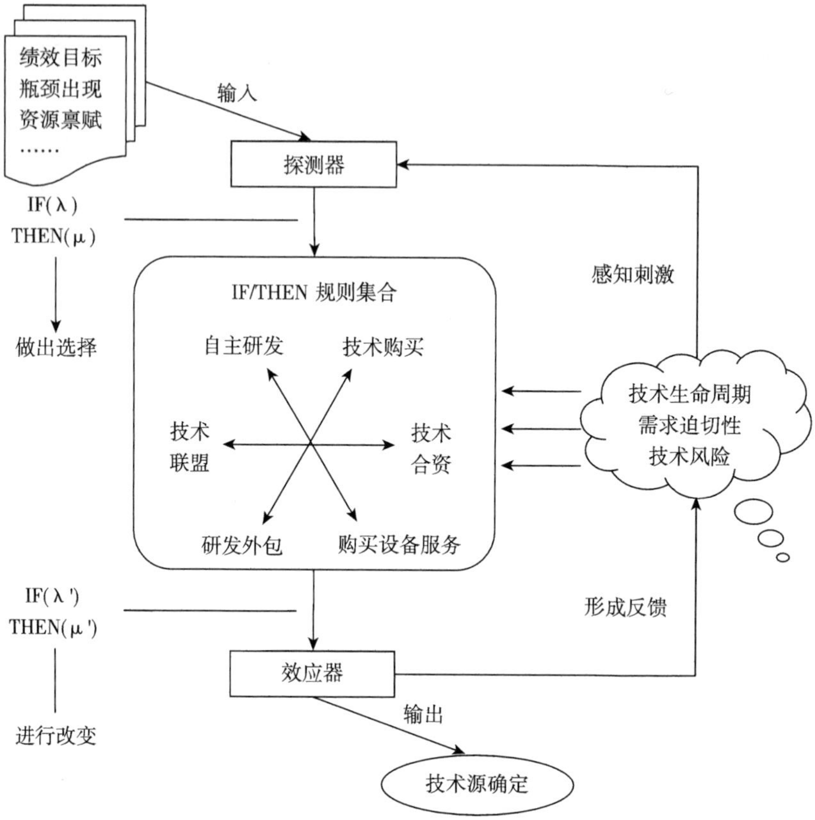

图 3.4　企业技术源选择的“刺激—反应”模型

3.3.2　基于探测器的技术环境信息抽取

探测器使适应性主体能够感知和抽取环境刺激，反映了主体由环境中获取信息的能力，造成了主体存在与发展的不同客观条件。企业作为技术获取的主体，对环境刺激的感知主要是对技术环境的感知，捕捉的刺激和抽取的信息主要包括技术生命周期、技术需求迫切性和技术风险三个方面。

技术生命周期。技术生命周期可分为技术的孕育 & 成长、成熟、衰退三个阶段[203]。技术在孕育 & 成长阶段还没有成为可以应用于生产并获得创新绩效的技术，因此获取处于技术成长 & 孕育期的技术只能够通过研发完成，包括自主研发、研发外包、技术联盟、技术合资等。通过持续的研发活动，技术逐渐成熟，进入技术成熟期，这也代表着技术研发活动的终结。企业可以通过技术购买、购买产品和服务等方式获取；获取进入成熟期的技术后，要随之开展技术的二次创新，保证企业技术的更新换代。随着成熟技术被该行业或领域广泛应用，技术的价值逐渐被稀释，技术进入衰退期，该项技术对企业而言已经没有利用价值，不值得使用任一技术获取方式取得。但旧技术进入成熟期后，新技术的孕育 & 成长也随之开始，相对于旧技术而言，新技术的技术水平更高，生命周期也更为短暂，此时企业又可以通过技术研发和技术外包进行新的技术获取。技术生命周期如图 3.5 所示。

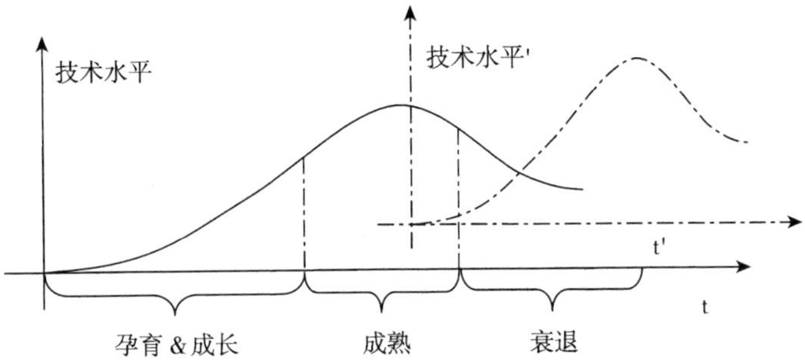

图 3.5　技术生命周期

技术需求迫切性。技术需求迫切性可分为三个等级：技术需求不迫切、技术需求迫切和技术需求极其迫切。在技术需求不迫切时，企业往往选择内部研发，参与到技术研发过程中，以便达到在本行业领域实现技术领导的目的。在技术需求迫切时，企业会选择研发外包、技术联盟、技术合资等方式，在解决时间上的紧迫性同时，使企业自身尽量参与到技术的研发中，以加深对技术的了解。在技术需求极其迫切时，企业就会选择购买技术或购买产品和服务的方式获取技术，以最大限度的减少技术获取的时间，使技术能够快速的应用的生产和服务中。

技术风险。根据企业对技术风险所进行的评估，其在选择技术获取方式时会有较大差异。对于技术风险低的技术，企业多会选择选择通过内部研发的方式来实现。对于技术风险中等的技术，往往选择研发外包、技术联盟、技术合资等方式获取。而对于具有高技术风险的技术，则会选择技术购买或购买产品和服务，以最大限度的降低这种风险。

探测器准确感知技术环境并实现对技术环境信息的有效、准确抽取是企业技术获取的基础。探测器为规则集合的筛选分类及效应器的选择结果输出提供信息支持。

3.3.3 基于 IF/THEN 规则集合的技术环境信息筛选与分类

规则集合帮助适应性主体对环境的变化进行分类。根据 IF/THEN 规则定义技术主体对刺激做出何种反应，是进一步精确刺激信息并根据企业通过技术获取提升创新绩效的实际需求进行信息转换的要素整合工具。

为便于分析 IF/THEN 规则集合的反应过程，刻画中国企业技术环境信息的筛选与分类，对探测器抽取的信息作出如表 3.6 所示的符号定义，对技术源的分类作出如表 3.7 所示的符号定义。依据探测器收集到的技术市场信息刺激，规则集合为中国企业提供的筛选假设及分类结果共有以下几种情况，如表 3.8 所示。

表 3.6　信息抽取的符号定义

信息	信息抽取		
技术生命周期	孕育 & 成长	成熟	衰退
	t_1	t_2	t_3
技术需求迫切性	不迫切	迫切	极其迫切
	p_1	p_2	p_3
技术风险	低	中	高
	r_1	r_2	r_3

表 3.7　技术源分类的符号定义

		内部技术源	外部技术源	二次创新
		I	O	S
自主 R&D	χ	$I(\chi)$	—	$S(\chi)$
国内技术	α	—	$O(\alpha)$	$S(\alpha)$
国外技术	β	—	$O(\beta)$	$S(\beta)$
同学研方合作	δ	—	$O(\delta)$	$S(\delta)$
同其他企业合作	ε	—	$O(\varepsilon)$	$S(\varepsilon)$
技术合资	θ	$I(\theta)$	$O(\theta)$	$S(\theta)$
技术联盟	ϑ		$O(\vartheta)$	$S(\vartheta)$
研发外包	ρ	—	$O(\rho)$	$S(\rho)$
技术收购	σ	—	$O(\sigma)$	—
购买设备及服务	ω	—	$O(\omega)$	—

表 3.8　IF/THEN 规则集合的分类结果

序号	刺激发生	作出反应
1	$IF(t_1, p_1, r_1)$	$THEN[I(\chi, \theta)]$
2	$IF(t_1, p_1, r_2)$	$THEN[O(\alpha, \beta, \delta, \varepsilon, \theta, \vartheta, \rho)]$
3	$IF(t_1, p_1, r_3)$	$THEN[O(\alpha, \beta, \delta, \varepsilon, \sigma, \omega)]$
4	$IF(t_1, p_2, r_1)$	$THEN[O(\alpha, \beta, \delta, \varepsilon, \theta, \vartheta, \rho)]$
5	$IF(t_1, p_2, r_2)$	$THEN[O(\alpha, \beta, \delta, \varepsilon, \theta, \vartheta, \rho)]$
6	$IF(t_1, p_2, r_3)$	$THEN[O(\alpha, \beta, \delta, \varepsilon, \sigma, \omega)]$
7	$IF(t_1, p_3, r_1)$	$THEN[O(\alpha, \beta, \delta, \varepsilon, \sigma, \omega)]$
8	$IF(t_1, p_3, r_2)$	$THEN[O(\alpha, \beta, \delta, \varepsilon, \sigma, \omega)]$
9	$IF(t_1, p_3, r_3)$	$THEN[O(\alpha, \beta, \delta, \varepsilon, \sigma, \omega)]$
10	$IF(t_2, p_1, r_1)$	$THEN[O(\alpha, \beta, \delta, \varepsilon, \sigma, \omega), S(\chi, \theta)]$
11	$IF(t_2, p_1, r_2)$	$THEN[O(\alpha, \beta, \delta, \varepsilon, \sigma, \omega), S(\alpha, \beta, \delta, \varepsilon, \theta, \vartheta)]$
12	$IF(t_2, p_1, r_3)$	$THEN[O(\alpha, \beta, \delta, \varepsilon, \sigma, \omega), S(\alpha, \beta, \delta, \varepsilon, \rho)]$
13	$IF(t_2, p_2, r_1)$	$THEN[O(\alpha, \beta, \delta, \varepsilon, \sigma, \omega), S(\alpha, \beta, \delta, \varepsilon, \theta, \vartheta)]$
14	$IF(t_2, p_2, r_2)$	$THEN[O(\alpha, \beta, \delta, \varepsilon, \sigma, \omega), S(\alpha, \beta, \delta, \varepsilon, \theta, \vartheta)]$
15	$IF(t_2, p_2, r_3)$	$THEN[O(\alpha, \beta, \delta, \varepsilon, \sigma, \omega), S(\alpha, \beta, \delta, \varepsilon, \rho)]$
16	$IF(t_2, p_3, r_1)$	$THEN[O(\alpha, \beta, \delta, \varepsilon, \sigma, \omega), S(\alpha, \beta, \delta, \varepsilon, \rho)]$
17	$IF(t_2, p_3, r_2)$	$THEN[O(\alpha, \beta, \delta, \varepsilon, \sigma, \omega), S(\alpha, \beta, \delta, \varepsilon, \rho)]$

续表

序号	刺激发生	作出反应
18	$IF\ (t_2, p_3, r_3)$	$THEN\ [O\ (\alpha, \beta, \delta, \varepsilon, \sigma, \omega), S\ (\alpha, \beta, \delta, \varepsilon, \rho)]$
19	$IF\ (t_3, p_1, r_1)$	—
20	$IF\ (t_3, p_1, r_2)$	—
21	$IF\ (t_3, p_1, r_3)$	—
22	$IF\ (t_3, p_2, r_1)$	—
23	$IF\ (t_3, p_2, r_2)$	—
24	$IF\ (t_3, p_2, r_3)$	—
25	$IF\ (t_3, p_3, r_1)$	—
26	$IF\ (t_3, p_3, r_2)$	—
27	$IF\ (t_3, p_3, r_3)$	—

由表 3.8 可知，IF/THEN 规则集合为中国企业提供的筛选假设共 27 种，分类结果共 18 大类。经分析 IF/THEN 规则集合的分类结果可知：

1. IF/THEN 规则集合的基本形式是 IF→THEN，即 IF（若）刺激 λ 发生，THEN（则）做出反应 μ，但并不是每一种技术环境信息筛选结果都为中国企业提供了唯一对应的分类结果。如所有包含 $IF\ (t_3)$ 的刺激发生时，代表技术已经进入到生命周期的衰退期，此时技术已无利用价值，故在 $IF\ (t_3)$ 刺激下，企业不应选择任何一种技术源完成技术获取，而是应将转而关注新技术的孕育和成长，在新技术的技术获取中占得先机。又如在除去包含 $IF\ (t_3)$ 的所有刺激中，均对应了多种可供选择的技术获取模式和技术源组合类型，我国企业应依据自身企业发展规划和技术能力水平，从中选取最契合自身利益的技术源及组合类型，争取实现技术获取模式的多样化、多渠道。

2. IF/THEN 规则集合所定义的规则是基于最高约束的，即在多种可选情况同时存在的情况下，IF/THEN 规则集合会首先考虑企业技术获取中的最大劣势条件，进行刺激结果的选择。如在 $IF\ (t_1, p_1, r_3)$ 刺激发生时，虽然技术处于生命周期孕育 & 成长期，同时技术需求迫切性不高，但 IF/THEN 规则集合的分类结果仍做出 $THEN\ [O\ (\alpha, \beta, \delta, \varepsilon, \sigma, \omega)]$ 的反应，这是由于 IF/THEN 规则集合首先考虑并满足了 $IF\ (r_3)$ 刺激，即技术具有高风险。企业在实际的技术获取活动中需对 IF/THEN 规则集合的这种筛选与分类方式进行具体理解与判断。

3. 在考虑中国企业对技术的二次创新的情形下，企业在技术获取过程中的参与程度明显提高。IF/THEN 规则集合做出的反应中，企业的技术二次创新在技术的成熟期展开，并在 *IF*（t_2）刺激存在的情况下持续发生。即便在 *IF*（p_3，r_3）刺激下，企业也需对通过技术购买、购买设备及服务获取的技术进行二次创新，以避免在技术进入衰退期后不能及时掌握新技术和出现技术断层。企业外部技术获取不仅仅是通过外部技术源获取技术，对于包括中国在内的众多发展中国家而言，在技术战略中加大对企业技术二次创新的重视程度，是提高企业在技术获取过程中参与程度的重要手段，也是提升发展中国家自主创新水平，完成技术资本原始积累，蓄力原始创新的必由之路。

3.3.4　基于效应器的技术源选择执行

效应器是技术源选择行为的执行系统。经探测器感知和 IF/THEN 规则集合分类后，技术源选择行为作为适应性主体提高自身适应强度的方法，通过效应器完成输出技术源选择的执行结果。下面依据表 3.8 进行举例说明：

如在 IF/THEN 规则集合所进行的分类中，针对特定发生的刺激 *IF*（t_1，p_1，r_1）所抽取出的三条技术环境信息是：技术处于生命周期的孕育 & 成长期，中国企业对技术的需求迫切性不高，该项技术的风险较低。这三条环境技术信息均对应技术研发。因此效应器对技术源的选择执行结果是选择内部技术源，通过内部技术研发获取技术，或选择企业具有较高参与程度的，具有严谨法律效应的技术合资方式研发该项技术。

又如在 IF/THEN 规则集合所进行的分类中，针对特定刺激 *IF*（t_1，p_1，r_3）所抽取出的三条技术环境信息是：技术处于生命周期的孕育 & 成长期，可选择技术研发；技术需求迫切性不高，可选择自主研发，但同时该项技术风险高，不宜做出自主研发的反应结果。此时面临的技术环境信息较为复杂，通过三条环境信息并不能形成决策的吻合，效应器在输出时需对中国具体情况进行区别分析。在 IF/THEN 规则集合所定义的最高约束规则条件下，会优先考虑 *IF*（r_3）刺激并作出技术购买、购买设备及服务的反应结果，但对于处于经济转型和技术追赶中的中国企业而言，出于长远发展的考虑，在机遇与风险并存的情况下，研发在日后具有较强技术壁垒和应用前景的新技术也是增强自主创新能力和原始创新能力的正确选择。

3.4 本章小结

本章在对企业技术获取提升创新绩效的技术源组成结构进行具体分析的基础上，研究了机制输入的两部分内容：一是企业技术获取系统的耗散结构问题，二是技术源选择过程问题。第一部分是第二部分的前提基础，第二部分是第一部分的必然结果。在中国企业技术获取系统耗散结构验证中，全面分析了系统的耗散性特征，运用 Brusselator 模型的经济学转译验证了中国各省（自治区、直辖市）企业技术获取系统的耗散结构，并进一步对 Brusselator 势函数反映出的技术创新领导企业和模仿企业的关系进行了讨论。在技术源选择过程的研究中，运用“刺激—反应”模型分析了企业技术获取提升创新绩效过程中的技术环境信息抽取，技术环境分类和技术源选择结果的输出问题，为中国企业在技术获取提升创新绩效过程中的技术源选择提供了依据。本章对企业技术获取提升创新绩效的技术源选择问题的研究是进一步研究技术源协同的基础。

第 4 章　企业技术获取提升创新绩效的技术源协同

本章将主要解决第2章构建的企业技术获取提升创新绩效机制中的处理问题，即技术源的协同问题。企业在对技术源做出选择后，需对输入的技术源信息进行转化处理，在绝大多数情况下，企业的技术源是多样的，因此实现各技术源的协同发展是必要的[204]。本章在明确企业技术获取提升创新绩效技术源协同主体角色定位的基础上，就企业技术获取中以企业为中心的官产学研合作模式进行分析，对其技术源协同机理进行剖析，构建企业技术获取提升创新绩效的技术源协同度测度模型，对中国规模以上工业企业技术源协同度进行测度，并进一步验证技术源协同与不同类型创新绩效的因果关系。完成企业技术获取提升创新绩效机制中的处理过程分析，为进一步分析机制的运行奠定基础。

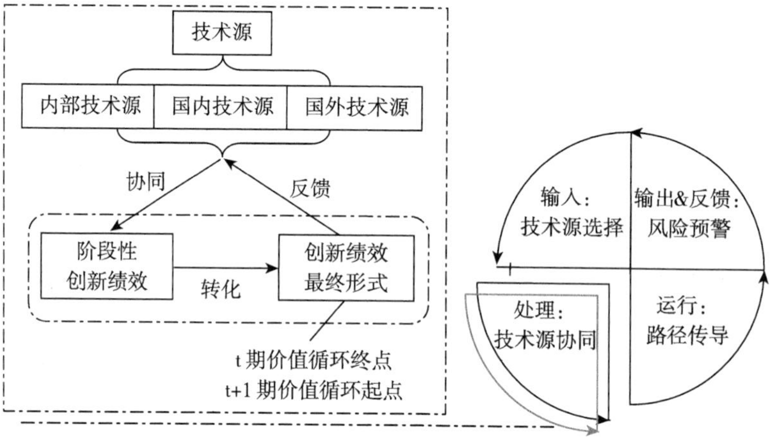

图 4.1　企业技术获取提升创新绩效的技术源协同分析框架

4.1　企业技术获取提升创新绩效的技术源协同主体角色定位

4.1.1　企业的核心主体地位

企业进行以提升创新绩效为目标的技术获取活动，企业是技术获取行为的发起者，是这个活动过程的核心主体[205]。这是由于企业进行新产品开发和市场化具有根植性的内生原因，以企业为核心主体进行并完成的技术合作能够使 R&D 活动更具系统性，而这能够给企业提供更高的市场回报[206-208]。如若没有盈利性的企业参与并形成主导，即便任何产学研合作组织拥有相当的能力开展技术创新项目，也不可能获得经济利益上的产出回报[209]。企业技术获取提升创新绩效技术源协同中企业的核心主体地位形成主要原因有二：

第一，企业的发起者地位。企业的技术获取活动由企业自身发起，单纯的技术需求会激励企业进行内部技术研发，而技术需求与资源有限的矛盾会刺激企业进行外部技术获取。整个技术获取过程始于企业技术需求也终于企业技术习得与创新绩效的提升。而企业发起技术获取活动的深层原因是其经营的最终目的是利润最大化，这只有在市场竞争中才可实现。因此明确和加强企业的主体地位，有利于实现 R&D 的市场导向，从而在制度上保证技术创新的长远发展[210]。

第二，企业与用户的密切关系。在产品（工艺）研发、生产、销售和售后的整条产业链中，企业与市场和用户的联系密切，对用户需求的理解充分，这就使得企业能够较好的把握技术需求[211]。企业将对用户技术需求的把握引入到研发合作中，也就使 R&D 活动更为贴近市场和用户，即为技术提供了商业价值的始点，也为技术提供了最终的使用价值终点。

企业的核心主体地位主要通过以下三种形式表现：

（1）企业是技术源协同的决策主体。获取何种技术，通过何种方式获取、同何种技术源进行合作都是通过企业决策而确定的。在企业决策形成之前，企业应基于自身资源禀赋和市场定位，选择匹配的技术合作项目，并完成筹资和投资活动，而学研方和政府在这一过程中主要通过提供专家队伍、技术支持和政策导向完成相应项目的筛选、论证[212]。

（2）企业是技术源协同的利益分配主体。经技术获取活动而生产的新产品或是研发的新工艺一旦形成，出于知识产权保护的目的，企业会通过申请专利等方式对技术进行保护。而基于合作初期既定的利益分配方案，企业需通过利益分配满足学研方的相应利益，对于剩余利益则由企业自行分配[213]。

（3）企业是技术源协同的风险承担主体。不论企业选择进行内部技术研发还是选择通过外部技术源获取技术，均需承担技术风险。这就要求企业对技术风险的识别准确把控，在自身技术水平和技术资源的限制下，将技术风险相对较高的技术研发活动交由更具技术实力的外部技术源完成，而自己承担技术风险相对较低的技术研发活动。

4.1.2 政府的引导角色

政府显然并不是严格意义上的企业技术来源，但在产学研合作创新的框架下，产学研主体的创新行为已经融入到区域创新系统和国家创新系统中。技术创新不仅是产学研三方的合作博弈，也是一种国家行为，此行为对提升国家综合实力和促进国家经济发展具有重要作用[214]。同时由于产学研各方对风险控制的欠缺，尤其是企业对于大多数技术成果转化只愿意承担部分而不是全部风险，希望国家通过政策、补偿、风投机构、科技金融的介入完成风险的共同承担。因此，在企业技术获取提升创新绩效的技术源协同过程中，政府也发挥着重要作用，这种作用主要体现在政策引导上[215]。而这种引导作用主要通过直接的财政拨款或建立相应的产学研合作支撑机构实现。

政府通过直接财政拨款对企业技术获取所产生的引导作用更强，作用也更为直接。国外的政府资助计划就是政府通过财政拨款对企业进行技术支持的重要形式。如美国 1992 经国会审议通过《加强小企业研究与发展法》，同时设立小企业技术转移研究（STTR）计划对小企业技术转移进行大力支持。要求研究开发基金超过 10 亿美元的联邦机构提供其研发经费一定比例的资金支持中小企业的技术转移。该计划力图将中小企业的生产与营销优势与研究机构的技术水平优势有机结合，重点解决技术成果的市场化问题。英国的“联系计划”重点支持大学、科研机构和企业界对具有潜在商业价值的前瞻性技术的合作开发，使技术获取和新技术开发有机地结合在一起，最终成为一种具有创新价值的产品工艺和服务。联系计划项目由企业和科研机构共同申请，政府至多提供高达 50% 的研发费用，其余由企业承担。联系计划不仅帮助企业开发出某个创新产品，更重要的是形成了一种提高企业创新能力的有效机制[216]。而相关数据显示，在推动科技创新方面，2018 年全国科学技术支出中的应用研究支出、技术研究与开发支出分别增长 11.4%、8.7%，主要用于加大科技研发投入、支持实施国家科技重大专项等。直接的财政拨款支持，是政府发挥其引导角色的重要方式之一。

政府通过设立相应的产学研合作支撑机构，如国家高新区、创业园区、大学科技园等，为产学研提供合作平台。相对于直接的财政拨款，政府建立相应的产学研合作支撑机构所实现的宏观引导和调控功能更为柔和，也更适用于市场经济体系。相关资料显示：自 1998 年 8 月中国国家高新技术产业化发展计划——火炬计划开始实施，中国高新技术产业开发区数量持续上升；2018 年 2 月国务院新批复荆州、黄石大冶湖等 12 家高新技术产业园区升级为国家高新技术产业开发区，至此我国国家高新区达到 168 家。

4.1.3　学研方的辅助支持地位

学（高等院校）、研（科研院所）方是企业技术获取中的主要外部技术源，是支撑企业进行技术获取的重要主体[217][218]。企业通过高等院校或科研院所获取技术，将外部技术内化，实现技术的共享与互补，从而提高自身的技术水平，进而提升创新绩效。通过产合作和产研合作，也能够使学、研方的科技成果迅速实现商业化和市场化，有效促进整个区域的经济发展[219]。

在企业技术获取提升创新绩效的的技术源协同中，学研方的辅助支持地位具有很大的相似性，主要体现在以下三个方面：

一是学研方为企业提供人才支持[220]。人才是创新活动中最具能动性的知识和技术载体。学研方能够为企业提供源源不断的智力支持和人才保障。这种支持主要包括：第一，人才的直接输送，主要是高等院校优秀毕业生的输送。传播知识和培养人才是大学促进科学技术发展的本质的价值表现，高等院校的高水平人才到企业就业为企业进行内部技术研发提供了智力基础。第二，学研方的 R&D 人员支持。企业通过研发外包，课题合作等方式委托学研方进行某项科研项目，学研方通过相应的 R&D 人员投入使项目得以完成，为企业技术获取提供 R&D 人员支持。

二是学研方是企业基础研究和应用研究的技术主要来源。高等院校以学术为本，科研院所以科研立足。科学研究是高等院校的重要任务，是科研院所的主要任务。学研方应利用其自身优势成为知识创新的源头，为技术开发活动提供新观点、新学说、新理论。据统计，在20世纪的后20年里，世界基础学科领域的重大发现近70%是由大学取得的。而在杰出成就方面，二战后70%的诺贝尔奖获得者来自大学[221]。

三是学研方是技术商业化和市场化的基础环节。企业实现技术商品化和市场化的基础是既已获取的相关技术，而这些技术大多源于基础研究和应用研究，因此，学研方是企业实现技术盈利的重要基础。另一方面，学研方通过与企业进行合作，实现了技术的商业化和市场化也完成了自己服务社会的职能[222]。

4.1.4 企业技术获取的官产学研合作

知识经济时代，技术是企业重要的战略资源。在企业自身技术资源不足时，越来越多的企业通过学研合作等方式来获取新技术以取得技术资源，增强自身技术水平，缩短研发周期，降低技术成本和技术风险。外部技术获取已被诸多企业视为一种行之有效的创新管理方法。在企业技术获取过程中，企业以内部有效资源为基础，剖析政策导向，与高校、科研院所以及国外技术源展开广泛的产学研技术合作，以期获得机会成本相对廉价的有效技术，整个过程是在官产学研合作的框架内完成的，企业技术获取的官产学研合作示意图如图4.2所示。

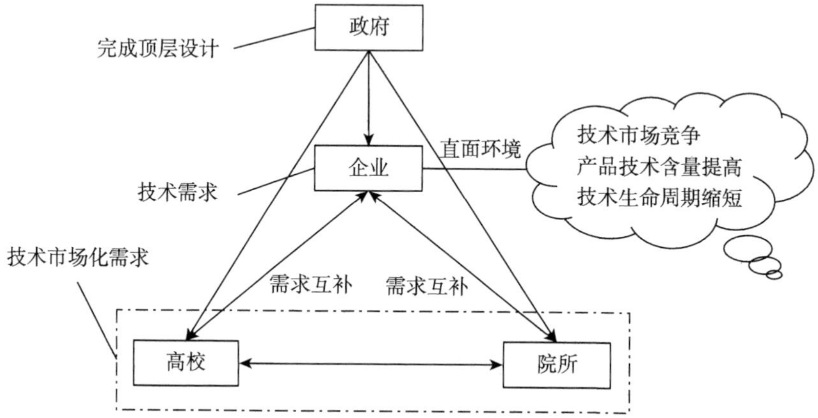

图4.2 企业技术获取的官产学研合作示意图

官产学研合作是对产学研合作的进一步扩充和引申。Carayannis等指出产学研合作及官产学研合作的本质是一种包含创意、创新、信息流动的跨组织知识架构[72]。Yuko 将产学研合作定义为大学和产业通过相互作用、相互影响来各自提升其发展潜能及发展水平的合作过程[74]。在产学研合作创新的框架下，产学研主体的创新行为已经融入到区域创新系统和国家创新系统中，因此考虑政府的参与显得尤为必要。政府作为国家科技发展战略和长远规划的制定者，从经济发展和社会和谐的大局出发，同时考虑科技资源发展的可持续性，完成官产学研合作的顶层设计；企业作为官产学研合作的核心主体，面对日益加速的技术革新和逐步缩短的技术生命周期，通过自身所能涉及的一切科技资源投入统筹 R&D 活动，谋求市场竞争中的优势地位；高等学校和科研机构首先以科学研究，尤其是基础研究为己任，同时也谋求理论与实践的有机结合，力争用科学理论指导实践活动，发挥科学理论的具体作用，实现科学与技术的生产力转化[223]。企业技术获取活动同官、产、学、研四方均存在密切联系，将企业技术获取置于官产学研合作的框架下进行研究将进一步明确企业技术获取源，使企业技术获取战略决策的制定有的放矢。

4.2　企业技术获取提升创新绩效的技术源协同机理分析

4.2.1　技术源协同产生的原因

企业技术获取提升创新绩效技术源协同产生的原因可分为内部原因和外部原因。内部原因主要是指技术获取企业自身的原因，主要包括企业的利益诉求和技术资源有限性限制。外部动因主要指除企业外的由其他技术源与企业形成的互补性需求，以及来源于外部环境的原因。

（1）内部原因。企业利益诉求是形成企业技术获取提升创新绩效技术源协同发展的根本原因。企业的利益诉求不仅仅限于经济利益，还包括专利、奖励、名誉和社会地位等非物质利益。知识经济时代，企业对利益的追求主要通过更新技术和工艺得以最大限度的实现，这就使得企业在进行技术创新活动过程中对先进技术有着天然的迫切需求，渴望拥有大量的新技术、新知识、新工艺和新服务。此时若企业拥有丰富的技术资源保证其自身技术研发活动的进行，那么企业显然会选择内部技术源解决技术瓶颈。但现实情况下，企业的技术资源是有限的，这是形成企业技术获取提升创新绩效技术源协同的次生原因，使得企业在自身技术水平受限或研发成本、风险较高时，往往寻求学、研合作方所能提供的外部技术，甚至是国外相关领域的先进技术。

（2）外部原因。其他技术源与企业形成的互补性需求是企业技术获取提升创新绩效技术源协同产生的直接原因。官产学研合作中各主体的不同角色定位决定了它们在合作发挥着差异性的个性功能，导致它们所掌握的技术资源存在结构性差异，正是由于这种技术势差，形成了各技术源的互补性需求。企业希望通过外部技术源分担技术风险，缩短技术研发时间，与此同时，高校和科研院所希望更多的成果能够产生经济效益，实现技术成果的生产力转化，从而推动科研工作的良性循环和更好地为社会服务[224]，这有效地弥补了企业因内部技术研发能力不足而形成的技术需求缺口，而企业作为学研方与用户间最好的桥梁与媒介，为学研方的科技创新活动提供市场信息支持，使学研方的技创新活动有的放矢，完成科技创新成果的商业化和市场化[225]。同时，政府参与到产学研合作中使产学研主体能够进行高效的合作以为国家创新系统更好地服务。来源于外部环境的原因也是企业技术获取提升创新绩效技术源协同产生的重要原因。例如如市场需求是企业技术获取的“方向标”，是企业选择获取何种技术的决策依据，市场导向的存在相当于在资源有限的同时又给企业加上了用户需求的限制，使得技术获取的选择空降更为狭窄，企业自身技术资源能够满足这种限制的可能性也就越小，寻求外部技术源合作的机率也就更大。

4.2.2 中国企业技术源协同的障碍

在企业技术获取提升创新绩效技术源协同中也会出现一些阻碍技术源协同发展的障碍，采取合理的方式解决这些障碍问题能够保证企业以创新绩效提升为目的的技术获取活动不断完善。这些障碍主要有：

（1）技术资源障碍。技术资源的障碍在各技术源主体上的表现是具有结构性差异的。以企业为例，作为最主要的盈利性主体，相对于学研方而言，企业具有掌握技术需求资源的先天优势和技术资金优势，但其在技术水平、研发能力、研发团队的建设上却存在资源障碍。以学研方为例，相对于企业而言，学研方因在对技术产品市场的远离而欠缺对用户产品信息的有效收集，基础与应用研究均与用户需求存在一定的偏离。对技术市场的忽视使得学研方的科技转化率较低。中国的科研成果转化率为欧美等发达国家的一半，仅为日本的三分之一左右[226]。技术资源障碍的结构性差异本可以通过有效的产学研合作进行弥补，但令人失望的是，中国产学研各方的彼此了解与沟通也并不十分通畅：首先是企业参与产学研协同创新的比重不大，其次是企业与学研方的巨大技术势差使得企业的技术学习存在难度，技术二次创新的可能性变小。产学研协同创新的发展不畅导致了企业对学研方优势技术资源的使用不畅。造成学研优势设备、人才的闲置与浪费。

（2）政策阻碍。在产方与学研方的协同互动中，资源障碍成为技术源协同的主要障碍，而在官方与产方的协同互动中，政策阻碍则成为了技术源协同的主要瓶颈。即便官产学研的合作模式已经得到了诸多学者的认可，但在实际的创新合作过程中，政府的角色定位相对产学研三方而言较为模糊：一是绝大部分发展中国家和部分发达国家缺少统筹产学研协同创新的法规和具体政策，二是即便国家已出台保护产学研合作的政策法规，在具体操作中也存在多个方面的困难。目前中国针对产学研协同创新的法律条文略显陈旧，已无法适用于产学研协同创新发展的新局面，其可操作性有待加强。特别是近年间中国学术界频频出现的学术腐败和学术造假事件，反映出严重的学术道德缺失问题，极大地制约了产学研合作的健康发展。但若官方法律约束明晰，那么产学研合作创新行为将更为规范，由公平的市场竞争和协同创新为公民谋得的各种利益就会继续涌现[227]。因此中国也应借鉴欧美发达国家的经验对相关政策法规进行增补和修订：如联邦德国在 1985 年修订并颁布了《高等学校总法》，其中明确指出在保证高效教学科研工作完成的基础上，鼓励高校接受企业的研发外包，视其等同于高校日常的科研任务，不需要任何官方审批文书；美国为保障产学研合作创新有序进行，也制定了一些针对性政策法规，并配套地构建了监督机制，如技术提供方和技术接收方的既得利益集团均可参与到监督法规执行的工作中来，同时法院居中对产学双方监督调节，接受任何个人、团体的上诉，并对这些上诉进行裁决，及时调整相关政策以满足产学研合作创新的新要求[228]。

（3）企业难以突破模仿创新的瓶颈[229]。对于中国技术获取企业而言，在率先创新的示范影响和利益诱导下，通过购买技术、购买产品和服务等方式引进技术具有相当的吸引力。1987 至 2007 年，中国由欧盟国家、美国、日本等国引进的高新技术，分别占到技术引进合同总金额的 36%、27%、18%。同时由于对技术的消化、吸收和改造不力，对我国自主创新造成巨大的冲击和挤出。企业内部技术研发作为唯一的内部技术源所占企业技术获取方式的比重较小。因此由模仿创新到自主创新的瓶颈始终难以突破。针对这一问题，企业在模仿创新过程中必须放弃单纯的原样仿制，力图通过技术模仿实现技术跨越和赶超。重视模仿持续跟随性，最大限度吸取前者的经验教训，在继承前者技术成果的基础上跟踪并前进。审视开发针对性，针对模仿创新企业自身产品技术特点进行相应的技术改进，完成有针对性的技术二次创新。权衡投入经济性，尽量在创新链中的某一个关键环节进行力量的集中投入，形成独具个性的产品优势，达到事半功倍的经济效果[230]。

4.2.3 以企业为核心的技术源协同的基本形式

企业通过技术获取提升创新绩效，开放组织边界进行技术获取活动，实现各内外部技术源的协同发展，是官产学研合作的具体表现形式之一。官产学研的合作的基本形式有很多，如依据各主体的领导地位分，可分为政府推动型[231]、企业核心主导型[232]、学研发起型和共建型；依据主体合作形态分，可分为点对点模式、点对链模式和网络模式[233]等。但企业技术获取提升创新绩效中的技术源协同是企业为实现其利益诉求和克服技术资源限制而发起决策的系列技术合作行为，其过程涉及到与官方、学研方的广泛深入合作交流，因此企业技术获取提升创新绩效的技术源协同是以企业为核心的点对链式官产学研合作模式。

在以企业为核心的点对链官产学研合作模式中，企业技术获取提升创新绩效的技术源协同基本形式的主要表现为：

（1）企业的内部技术研发瓶颈刺激技术源协同发生。企业以市场需求为导向，接受外部环境（主要是技术市场环境）刺激，为使自身产品或服务完成更新换代，以获得更高的经济回报，从而发起内部技术研发活动，主要通过内部 R&D 经费投入和人力资本投入支撑内部技术研发的全过程。由于技术水平和技术资源等的限制，使得企业自主进行的技术研发难以完

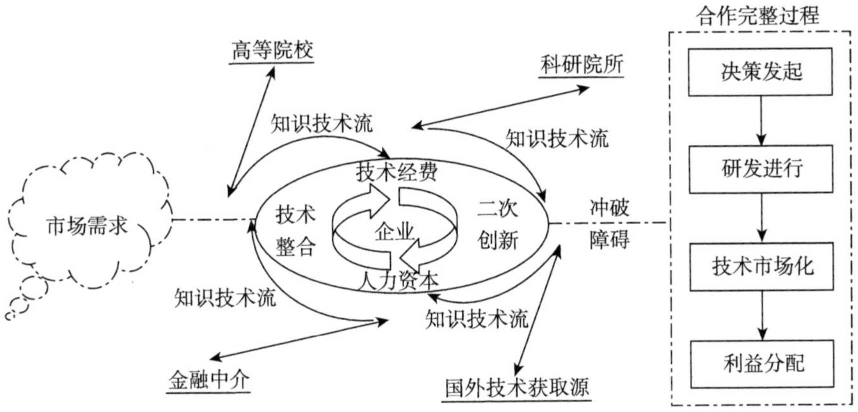

图 4.3　以企业为核心的技术源协同

成，内部研发的瓶颈出现，企业开始寻求外部技术源。

（2）企业在与外部技术源的协同中完成技术二次创新。由于企业与其他技术源的互补性需求和各技术源间的技术势差，知识技术流在各技术源间出现，伴随着知识技术流，企业也完成了技术源的选择。这一阶段高等院校和科研院所是技术的提供方，企业则是技术的接收方。需要特别指出的是，现阶段中国企业技术创新，尤其是原始创新水平有限[234]，通过外部技术获取迅速提升自身创新能力不失为一种有效方式，但此时平衡内外部 R&D 活动支出和内外部技术获取模式成为企业所面临的新挑战[122]。尤其是在自身技术研发水平不高，外部技术消化、吸收和改造能力不强的情况下，这种挑战就变得尤为艰巨。因此对外部技术源提供的技术进行整合和二次创新，以技术受制于人和过度的外部技术依赖是十分必要的。企业依据自身特点进行自主技术研发或选择最佳合作伙伴，实现知识和技术在合作创新联盟间的交互流动，完成对外部技术的消化吸收和二次创新。

（3）以企业为核心的技术源协同的基本形式贯穿合作的整个过程。首先，企业是技术获取和技术源选择的决策发起者。企业会根据自身状况和市场需求，通过技术源搜寻发起技术获取行为，主动进行投资融资并分担这一过程中可能存在的技术风险。其次，企业是研发进行的主要推动者。在技术研发总体设计、研发方式选择、研发进程监督等各个技术研发过程中企业都以推动者的身份出现，以保证技术研发的顺利进行，使技术满足企业需求和市场发展。再次，企业是技术市场化的利益实现者。学研方为企业提供的基础技术或应用基础都以企业为桥梁最终推向市场，实现技术的市场化，获得技术收益。最后，企业是利益分配的居中协调者。企业与其它技术源都在一轮技术合作完成后具有利益诉求，技术市场化一旦成功，企业便会依据决策发起之处确定的利益分配方式，对技术市场化收益进行分配，以保障各技术源的自身利益，使这种协同合作的创新方式得以保存并发展。

（4）以企业为核心的技术源协同形式在技术合作的各个阶段都需要冲破各种技术源协同阻碍。企业和各技术源在技术合作中，需冲破各主体自身的技术资源障碍，企业通过加深对学研方和技术的针对性了解，适当降低技术势差，以实现知识技术流在各技术源间的无阻或微阻流动，同时通过技术学习和二次创新走出机械的模仿创新误区。政府需完善政策法规，保护各技术源的核心利益，搭建完善的技术合作平台，发展科技金融中介结构，并保证各技术主体参与其中。

4.3 企业技术获取提升创新绩效的技术源协同度模型描述

协同的概念由德国学者哈肯于20世纪70年代提出，用于解释系统中各子系统的相互协调、合作或同步的联合作用及集体行为，结果产生1+1>2的协同效应[235]。按照协同理论，系统在临界点附近的内部变量有慢驰豫变量与快驰豫变量两种，其中慢驰豫变量为决定系统演化进程的根本变量，即序参量。此类变量数目少，衰减变化慢，是对系统结构和功能变化起主导作用的变量。序参量决定着系统演化的特征和规律[236]。随着科学技术水平在世界范围内的飞速发展，学科交叉和技术融合加快，科技与经济的结合日益密切，协同的思想在创新系统理论中得到重视并不断深化，并以“产学研合作”为主题探索企业与大学、科研机构或中介组织之间如何通过要素的互动形成创新合力[237]。协同创新可以定义为企业、高等院校、科研院所及政府等能动性创新主体以知识累积和技术革新为目标共同进行的，以满足各主体基本创新利益为基础的新知识和新技术的价值创造。以“官产学研合作”为具体表现形式的协同创新模式是国家创新体系新的载体。整个协同创新过程涉及到知识、资源、行为、绩效的全面整合[238]。而企业在谋求技术水平提升的过程中，广泛存在着技术搜寻、筛选、提取、学习、整合和改造行为，这些行为都是通过协同创新和产学研合作实现的。企业通过选择合作伙伴，调整资金倾斜、形成技术联盟及增强自身外部技术吸收改造能力等方式改变影响其技术获取协同度的序参量，影响其整个技术获取系统的结构、功能和发展轨迹。

4.3.1　子系统有序度

企业技术获取提升创新绩效的技术源协同度即企业技术获取系统发展过程中企业各技术获取子系统间的协同一致程度。运用协同模型测定企业各技术源间的协同度，既从静态的角度反映企业技术获取系统的完善程度，又动态地衡量企业各技术获取模式间互动发展的有效性[239]。

定义中国企业技术获取系统（F）是由企业内部技术获取系统（F_1）、国内技术获取系统（F_2）和国外技术获取系统（F_3）构成的，记为 $F=\{F_1, F_2, F_3\}$，设在子系统 F_j，$j\in[1, 2, 3]$ 发展过程中少数主导系统结构和功能变化的序参量为 $e_j=(e_{j1}, e_{j2}, e_{j3}, \ldots, e_{jn})$，其中 $n\geq1$，$\beta_{ji}\leq e_{ji}\leq\alpha_{ji}$，$i=1, 2, \ldots, n$，$\beta_{ji}$和 α_{ji}分别为系统稳定临界点上序参量分量上限和下限。若系统的有序度与 $e_{j1}, e_{j2}, e_{j3}, \ldots, e_{jk}$取值呈正方向变动，那么其取值越大，系统的有序程度就越高；若系统的有序度与 $e_{j1}, e_{j2}, e_{j3}, \ldots, e_{jk}$ 取值呈反方向变动，那么其取值越小，系统的有序程度就越高。定义 $\lambda_j(e_{ji})$ 为子系统 F_j 序参量分量 e_{ji}的系统有序度：

$$\lambda_j(e_{ji})=\begin{cases}(e_{ji}-\beta_{ji})/(\alpha_{ji}-\beta_{ji}), & i\in[1, k]\\(\alpha_{ji}-e_{ji})/(\alpha_{ji}-\beta_{ji}), & i\in[k+1, n]\end{cases}\tag{4-1}$$

$\lambda_j(e_{ji})\in[0, 1]$，其值体现了 e_{ji}对系统有序性的贡献，$\lambda_j(e_{ji})$ 值越大，则序参量分量 e_{ji}对系统有序度的贡献越大。而 e_j 对子系统 F_j 有序程度的总贡献可以通过对 $\lambda_j(e_{ji})$ 的集成进行测度[240]，选取几何平均法测度各技术获取子系统的有序度，即：

$$\lambda_j(e_j)=\sqrt[n]{\prod_{i=1}^{n}\lambda_j(e_{ji})}, j=1,2,3\tag{4-2}$$

同理，$\lambda_j(e_j)\in[0, 1]$，$\lambda_j(e_j)$ 越大子系统的有序度越高，反之则越低。

4.3.2 复合系统协同度

定义 λ_j^0（e_j）为子系统 F_j 序参量在 t_0 时刻的系统有序度，λ_j^1（e_j）为子系统 F_j 序参量在 t_1 时刻的系统有序度，那么 $t_1 - t_0$ 时段内企业技术获取系统协同程度即为系统总协同度（Degree of General Synergy）：

$$DGS = \varepsilon \sqrt[3]{\left| \prod_{j=1}^{3} [\lambda_j^1(e_j) - \lambda_j^0(e_j)] \right|} \tag{4-3}$$

其中，$\varepsilon = \dfrac{\min\limits_j [\lambda_j^1(e_j) - \lambda_j^0(e_j)]}{|\min\limits_j [\lambda_j^1(e_j) - \lambda_j^0(e_j)]|}$

由式（4-3）可知，$DGS \in [-1, 1]$。企业技术获取协同度测度过程是基于时间序列的动态分析过程，DGS 越大，企业技术获取协同发展程度越高，反之则越低。DGS 的取值可进一步分为 $[0, 1]$ 和 $[-1, 0]$ 两类。$DGS \in [0, 1]$ 的充要条件为企业内部技术获取子系统，国内技术获取子系统和国外技术获取子系统 t_1 时刻的有序度均大于其 t_0 时刻的有序度，此时企业技术获取系统处于协同演进状态。若三个子系统有序度提升幅度在 $t_1 - t_0$ 时同步性较差，将造成 DGS 取正值较小，若三个子系统有序度提升幅度在 $t_1 - t_0$ 时刻同步性较好，就会使 DGS 取正值较大。$DGS \in [-1, 0]$ 的充要条件为三大子系统中任一子系统 t_1 时刻的有序度小于其 t_0 时刻的有序度，此时企业技术获取系统将处于非协同演进状态。

4.4 中国企业技术获取提升创新绩效的技术源协同实证分析

4.4.1 技术源协同度测度

4.4.1.1 指标体系构建与数据来源

构建科学有效的企业技术获取提升创新绩效技术源协同度测度评价指标体系是准确测度企业技术获取系统协同发展情况的重要基础。按照企业技术获取提升创新绩效的技术源协同机理分析，企业主要是通过自身技术研发及学、研合作等方式获取新技术，所以与之相关的变量为决定系统发展演化的序参量变量。对技术源协同度的衡量主要从以下两个方面展开：一是企业自身的技术发展水平，这是进行技术合作和技术吸收的基础，也是企业技术获取系统能够存在并得到发展的前提，主要通过企业内部技术获取实现，由企业技术研发经费投入、技术消化吸收改造经费投入、专业技术人员投入等序参量分量表示。二是企业技术获取源的协同和合作伙伴的选择，这是产学研合作视角下企业技术获取协同的具体表现形式，主要通过企业外部技术获取实现，通过企业对学、研方的R&D经费外部支出及企业技术经费的多渠道筹集等序参量分量表示。所需数据均来自《中国科技统计年鉴2000—2009》（2009年后《中国科技统计年鉴》有关企业技术创新活动的统计口径由科技活动变为R&D活动，统计口径不一），为便于数据获取，将主体进一步限定为规模以上工业企业，评价指标体系详见表4.1。

表4.1　技术源协同能力测度指标体系

子系统	序参量分量（评价指标）
F_1：内部技术获取	e_{11}：规模以上工业企业技术开发经费支出（万元）
	e_{12}：规模以上工业企业技术开发人员数量（人）
	e_{13}：规模以上工业企业技术消化吸收经费支出（万元）
	e_{14}：规模以上工业企业技术改造经费支出（万元）
F_2：国内技术获取	e_{21}：规模以上工业企业科技活动经费筹集中政府资金（万元）
	e_{22}：规模以上工业企业科技活动经费筹集中金融机构贷款（万元）
	e_{23}：规模以上工业企业对高等学校的科技活动外部支出（万元）
	e_{24}：规模以上工业企业对科研院所的科技活动外部支出（万元）
	e_{25}：规模以上工业企业购买国内技术经费支出（万元）
F_3：国外技术获取	e_{31}：规模以上工业企业引进国外技术经费支出（万元）
	e_{32}：规模以上工业企业科技活动经费筹集中国外资金（万元）

4.4.1.2　测度结果与分析

首先由式（4-1）计算企业技术获取系统各序参量分量的有序度，如表4.2所示。

表 4.2 序参量分量有序度

年份	F_1				F_2					F_3	
	e_{11}	e_{12}	e_{13}	e_{14}	e_{21}	e_{22}	e_{23}	e_{24}	e_{25}	e_{31}	e_{32}
1999	0.011	0.090	0.018	0.022	0.083	0.033	0.023	0.302	0.008	0.067	0.027
2000	0.062	0.099	0.018	0.097	0.041	0.086	0.030	0.397	0.082	0.189	0.055
2001	0.093	0.100	0.033	0.132	0.027	0.080	0.103	0.112	0.140	0.319	0.072
2002	0.130	0.112	0.093	0.191	0.110	0.097	0.176	0.359	0.179	0.597	0.129
2003	0.190	0.129	0.107	0.297	0.123	0.321	0.274	0.492	0.246	0.703	0.114
2004	0.296	0.154	0.373	0.478	0.190	0.346	0.428	0.630	0.337	0.583	0.145
2005	0.404	0.308	0.526	0.531	0.294	0.373	0.532	0.699	0.416	0.450	0.254
2006	0.529	0.451	0.649	0.591	0.448	0.708	0.636	0.772	0.440	0.430	0.476
2007	0.718	0.657	0.893	0.756	0.702	0.763	0.729	0.811	0.688	0.816	0.812
2008	0.900	0.835	0.894	0.891	0.887	0.882	0.890	0.859	0.902	0.854	0.887

注：序参量分量的上限值和下限值分别取 2000 至 2009 年最大值的 110% 和最小值的 90%[241]。

然后，将表 4.2 所得结果带入式（4－2），分别计算企业内部技术获取系统、国内技术获取系统和国外技术获取系统的有序度。最后，以 1999 年为基期，将计算结果带入公式（4－3），得到企业技术获取系统协同度，如表 4.3 和图 4.4 所示。

表 4.3 子系统有序度和系统协同度

	内部技术获取	外部技术获取		系统总协同度
年份	F_1	F_2	F_3	DGS
1999	0.025	0.044	0.042	——
2000	0.058	0.081	0.102	0.042
2001	0.080	0.081	0.151	0.060
2002	0.127	0.164	0.277	0.142
2003	0.167	0.265	0.283	0.196
2004	0.301	0.359	0.291	0.278
2005	0.432	0.442	0.338	0.363
2006	0.550	0.585	0.452	0.488
2007	0.751	0.737	0.814	0.730
2008	0.880	0.884	0.871	0.841

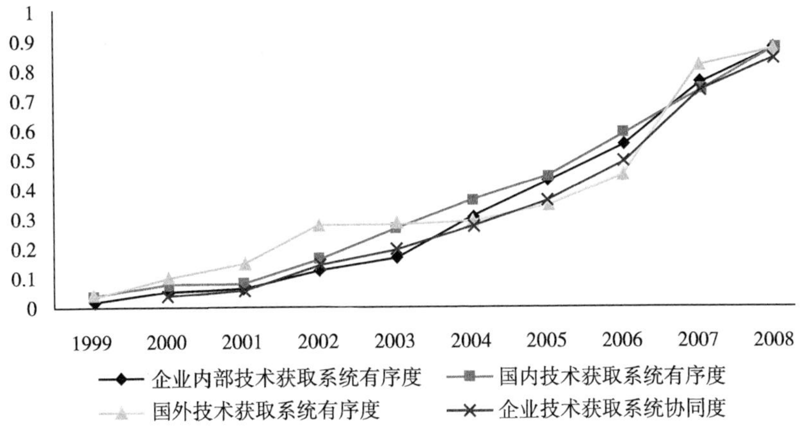

图 4.4　企业技术获取协同度及子系统有序度

由企业技术获取技术源协同度的实证结果可知：整体上中国企业技术获取系统各子系统有序度在十年间保持了稳步增长的态势，从而导致整个企业技术获取系统处于协同演进状态。企业内部技术获取子系统有序度增长态势最为平稳，波动较小，与企业技术获取系统协调度吻合度高，这表明企业自身在技术创新过程中实现了多种技术创新资源的有效匹配和稳步增长，企业自身技术研发是企业技术进行技术外部获取的条件和基础。中国企业国内技术获取子系统有序度十年间增长态势也较为平稳，特别是进入 21 世纪后增长态势明显，这表明中国产学研合作过程中知识和技术的流动愈加迅速，高等院校和科研院所成为企业获取外部技术的重要来源。而我国企业国外技术获取子系统有序度十年间的增幅变化较大，主要存在两个快速增长期和一个徘徊期：两个快速增长期分别为 1999 年—2002 年（增长区间［0，0.28］）、2005—2008 年（增长区间［0.33，0.88］），一个徘徊期为 2002—2005 年（徘徊区间［0.27，0.34］）。这表明国外技术资金流入和中国企业引进国外技术支出增长的同步性出现波动，国外先进技术虽是中国企业实现技术赶超的捷径，但相对企业内部技术获取和国内技术获取，不确定性因素也更多，易波动，易停滞。中国企业技术获取协同度在十年间基本上保持了稳定上升态势，这是企业技术获取各子系统有序度提升综合作用的结果，因为三大子系统中只有国外技术获取有序度存增幅存在相对较大波动，而企业内部技术获取子系统和国内技术获取子系统有序度波动均不大。

4.4.2 技术源协同与企业创新绩效的因果关系检验

为了进一步明确企业技术获取技术源协同与不同形式创新绩效的关系，探讨企业内外部技术获取对创新绩效作用的差异，研究企业创新绩效提升对技术获取模式协同的推动效果，为企业依据自身特点选择不同的技术获取模式提供更具目的性的决策准则，对企业技术获取技术源协同和创新绩效进行 Granger 因果关系检验。

4.4.2.1 技术源协同与阶段性创新绩效的因果关系检验

（1）指标选取与数据来源

企业技术源协同使用前文计算的企业技术获取系统协同度（*DGS*）这一指标衡量，并将企业技术获取协同度细分为企业内部技术获取子系统有序度（F_1）、企业国内技术获取子系统有序度（F_2）和企业国外技术获取子系统有序度（F_3）。综合已有研究成果[242-244]，企业拥有专利数体现着企业的技术能力水平，是企业技术创新重要的技术累计绩效[245]。选取规模以上工业企业企业拥有发明专利数（*IPO*）这一指标衡量企业阶段性创新绩效。数据来源于《中国科技统计年鉴》。

表 4.4 变量说明

因果检验变量	二级指标
技术源协同	规模以上工业企业内部技术获取有序度（F_1）
	规模以上工业企业国内技术获取有序度（F_2）
	规模以上工业企业国外技术获取有序度（F_3）
	规模以上工业企业技术获取协同度（*DGS*）
阶段性创新绩效	规模以上工业企业拥有发明专利数（*IPO*）

（2）检验过程与结果分析

对企业技术源协同与阶段性创新绩效进行 Granger 因果关系检验，需首先进行协整关系检验，而协整检验对时间序列数据的单整阶数要求严格。存在单位根的时间序列均表现出明显的记忆性和波动的持续性，因而单位根检验是进行协整关系检验及回归模型拟合的基础。若某一时间序列的均值及方差在任何限定时间保持恒定，且在时期 t 到 $t+k$ 间的协方差（自协方差）仅依赖于两时期的间隔 k，而与计算这两个时期间的实际时期 t 无关，那么该时间序列是平稳的。单位根检验是指检验序列中是否存在单位根，存在单位根即非平稳序列，对时间序列单位根的检验就是对时间序列平稳性的检验。对所涉及的变量 F_1、F_2、F_3、DGS、IPO 分别进行单位根检验（ADF 检验），发现变量均经二阶差分后平稳，即 I（2），可进一步进行协整检验。

表 4.5　ADF 平稳性检验结果（二阶差分）

变量	ADF 检验值	P 值
$\Delta^2 F_1$	-4.558	0.013
$\Delta^2 F_2$	-3.344	0.061
$\Delta^2 F_3$	-3.334	0.054
$\Delta^2 DGS$	-3.536	0.049
$\Delta^2 IPO$	-4.194	0.020

注：用于检验变量及其二阶差分在 1% 显著水平上的检验临界值为 -4.803，5% 显著水平上的检验临界值为 -3.403，10% 显著水平上的检验临界值为 -2.842。

Johansen 协整检验结果见表 4.6，企业技术源协同与企业阶段性创新绩效均存在协整方程，这表明企业技术源协同与阶段性创新绩效虽均有自己的变动规律，在短期内可能表现出非一致性，但存在长期的协整关系。

表 4.6　Johansen 协整检验结果 1

变量	存在协整方程个数	特征值	迹统计
IPO　F_1	无*	0.901	19.830
	至多一个	0.150	1.301
IPO　F_2	无	0.629	11.287
	至多一个*	0.448	4.760
IPO　F_3	无*	0.810	19.000
	至多一个*	0.511	5.726
IPO　DGS	无***	0.898	20.421
	至多一个	0.234	2.129

注：* 表示在 5% 的显著性水平上拒绝原假设，*** 表示在 1% 的显著性水平上拒绝原假设。

F_1、F_2、F_3、DGS、IPO 均为Ⅰ（2）序列，经协整检验，发现 IPO 同 F_1、F_2、F_3、DGS 均存在长期协整关系，故可直接对企业技术源协同与阶段性创新绩效进行 Granger 因果关系检验，检验结果如表 4.7 所示。

表 4.7 Granger 因果检验结果 1

零假设	F 统计量	结论
IPO 不是 F_1 的 Granger 原因	0.037	IPO 不是 F_1 的 Granger 原因
F_1 不是 IPO 的 Granger 原因	3.848*	F_1 是 IPO 的 Granger 原因
IPO 不是 F_2 的 Granger 原因	0.334	IPO 不是 F_2 的 Granger 原因
F_2 不是 IPO 的 Granger 原因	3.841*	F_2 是 IPO 的 Granger 原因
IPO 不是 F_3 的 Granger 原因	3.311	IPO 不是 F_3 的 Granger 原因
F_3 不是 IPO 的 Granger 原因	0.024	F_3 不是 IPO 的 Granger 原因
IPO 不是 DGS 的 Granger 原因	0.215	IPO 不是 DGS 的 Granger 原因
DGS 不是 IPO 的 Granger 原因	5.683*	DGS 是 IPO 的 Granger 原因

注：* 代表在 10% 的水平上显著，*** 代表在 5% 的水平上显著，*** 代表在 1% 的水平上显著。

由表 4.7 可知，经 Granger 因果检验，发现存在因果关系的几种情况分别为：企业内部技术获取有序度、企业国内技术获取有序度和企业技术获取协同度均是企业拥有发明专利数的 Granger 原因。而不存在因果关系的几种情况分别为：企业专利授权数不是企业内部技术获取有序度、企业国内技术获取有序度、企业国外技术获取有序度和企业技术获取协同度的 Granger 原因，其中企业专利授权数与企业国外技术获取有序度互不构成 Granger 原因。

表 4.7 的检验结果基本反映出一个规律性结果和一个特例。一个规律性结果是绝大部分企业技术获取子系统有序度及整个企业技术获取系统协同度是企业专利授权数的 Granger 原因。这表明企业通过多技术源的广泛产学研合作，充分调动各技术源参与到企业的技术获取活动中来，可实现多渠道的技术获取能够带来企业技术累计绩效的显著提升，使企业掌握更多先进的知识和技术。而一个特例是企业国外技术获取有序度与企业专利授权数互不构成 Granger 原因，这表明中国企业对国外先进技术的吸收和应用也并未有效地形成企业的技术累计，同时企业技术能力的提升也未刺激自身对国外技术引进行为的结构优化和统筹调配，对国外技术的消化吸收能力不足仍然制约着中国企业的长远发展，企业自身的技术模仿和再创

新能力仍有待提升。

4.4.2.2　技术源协同与创新绩效最终形式的因果关系检验

（1）指标选取与数据来源

企业技术源协同所使用的指标与检验技术源协同与企业阶段性创新绩效的指标相同。企业的阶段性创新绩效体现着企业的技术能力水平，但企业从事科技创新及研发活动的最终目的在于研发创新成果潜在商业价值的实现，即技术的市场化和产业化实现。而专利作为一种中间产品，并不能完全代表企业技术创新的最终成果，因此选取新产品产值指标（*NPO*）反映技术创新过程中技术绩效向经济绩效的转化能力，即创新绩效的最终形式。

（2）检验过程与结果分析

同企业技术源协同与阶段性创新绩效的因果关系检验过程相似，企业技术源协同与创新绩效最终形式的因果关系检验也需经数据平稳性检验、协整检验过程，检验过程和结果如下：

变量 F_1、F_2、F_3、*DGS* 的单位根检验（ADF 检验）已经在4.4.2.1 中完成，现只对 *NPO* 进行单位根检验，发现其经二阶差分后平稳，与 F_1、F_2、F_3、*DGS* 同为 I（2）序列，如表 4.8 所示，可进行协整检验。

表 4.8　变量（*NPO*）的 ADF 平稳性检验结果（二阶差分）

变量	ADF 检验值	P 值
$\Delta^2 IPO$	-4.194	0.020

注：用于检验变量及其二阶差分在 1% 显著水平上的检验临界值为 -4.803，5% 显著水平上的检验临界值为 -3.403，10% 显著水平上的检验临界值为 -2.842。

Johansen 协整检验结果见表 4.9，企业技术源协同与企业创新绩效最终形式存在长期的协整关系。

表 4.9　Johansen 协整检验结果 2

变量	存在协整方程个数	特征值	迹统计
NPO　F_1	无	0.717	14.864
	至多一个 *	0.449	4.762

续表

变量	存在协整方程个数	特征值	迹统计
NPO　F_2	无 ***	0.845	20.213
	至多一个 ***	0.483	3.841
NPO　F_3	无 *	0.764	18.804
	至多一个 ***	0.597	7.261
NPO　*DGS*	无	0.602	12.098
	至多一个 *	0.447	4.736

注：* 表示在5%的显著性水平上拒绝原假设，*** 表示在1%的显著性水平上拒绝原假设。

F_1、F_2、F_3、*DGS*、*NPO* 均为 I（2）序列，经协整检验，发现 *NPO* 同 F_1、F_2、F_3、*DGS* 均存在长期协整关系，故亦可直接对企业技术源协同与创新绩效最终形式进行 Granger 因果关系检验，检验结果如表 4.10 所示。

表 4.10　Granger 因果检验结果 2

零假设	F 统计量	结论
NPO 不是 F_1 的 Granger 原因	9.123 ***	*NPO* 是 F_1 的 Granger 原因
F_1 不是 *NPO* 的 Granger 原因	1.787	F_1 不是 *NPO* 的 Granger 原因
NPO 不是 F_2 的 Granger 原因	0.001	*NPO* 不是 F_2 的 Granger 原因
F_2 不是 *NPO* 的 Granger 原因	5.035 *	F_2 是 *NPO* 的 Granger 原因
NPO 不是 F_3 的 Granger 原因	6.167 ***	*NPO* 是 F_3 的 Granger 原因
F_3 不是 *NPO* 的 Granger 原因	1.444	F_3 不是 *NPO* 的 Granger 原因
NPO 不是 *DGS* 的 Granger 原因	7.661 ***	*NPO* 是 *DGS* 的 Granger 原因
DGS 不是 *NPO* 的 Granger 原因	1.872	*DGS* 不是 *NPO* 的 Granger 原因

注：* 代表在10%的水平上显著，*** 代表在5%的水平上显著，*** 代表在1%的水平上显著。

由表 4.10 可知，经 Granger 因果检验，发现存在因果关系的几种情况分别为：企业新产品产值是企业内部技术获取有序度、企业国外技术获取有序度和企业技术获取协同度的 Granger 原因；企业国内技术获取有序度是企业新产品产值的 Granger 原因。而不存在因果关系的几种情况分别为：企业内部技术获取有序度、企业国外技术获取有序度和企业技术获取协同度均不是企业新产品产值的 Granger 原因；企业新产品产值不是企业国内技术获取有序度的 Granger 原因。

与表 4.7 相对应，表 4.10 的检验结果也基本反映出一个规律性结果和一个特例。一个规律性结果是新产品产值是绝大部分企业技术获取子系统有序度及整个企业技术获取系统协同度的 Granger 原因。这表明企业新产品产值增加所带来的经济收益促使企业追加了新一轮价值循环中的技术获取投资，逐步平衡了企业内外部技术获取模式的分布，使得这种分布在逻辑上更为合理。而一个特例是企业新产品产值的并未构成企业国内技术获取有序度的 Granger 原因，但企业国内技术获取有序度却是企业新产品产值的 Granger 原因。这表明企业在实现经济绩效增长后并未将技术获取源结构优化的重点放在国内技术获取子系统，而是转向相对更为先进的国外技术或是直接专注于提升自身的技术创新水平，而与国内学、研方的技术合作则更倾向于经济绩效的直接提升。

4.4.3　对实证结果的进一步讨论

为检验技术源与企业不同类型创新绩效的关系，本研究特意将技术源于企业阶段性创新绩效、企业创新绩效的最终形式分开进行 Granger 因果关系检验，也确实的到来不同的实证结果：企业通过多渠道技术源完成的技术获取主要来带了企业阶段性创新绩效的提升；而企业创新绩效的最终形式却能够对技术源协同形成反馈，提高技术获取的协同程度。由实证得出的两个规律性结果说明企业不同的创新绩效与技术获取协同的差异性关系，同时也形成了两个简单的价值联接：企业创新绩效的最终形式对技术源组织结构的优化；技术技术源协同对企业阶段性创新绩效的促进。企业由获取技术到实现技术累计，进而完成技术商业化，获得经济利益，并进一步追加技术获取投资，刺激技术源协同完成新一轮的发展是企业技术获取的完整价值循环[246]。但就目前情况来看，这一价值循环仍欠缺技术商业化这一重要环节，这也说明中国企业对外部技术源提供的技术所进行的消化吸收和二次创新能力不足，如图 4.5 所示（缺失的价值联接由虚线标出）。

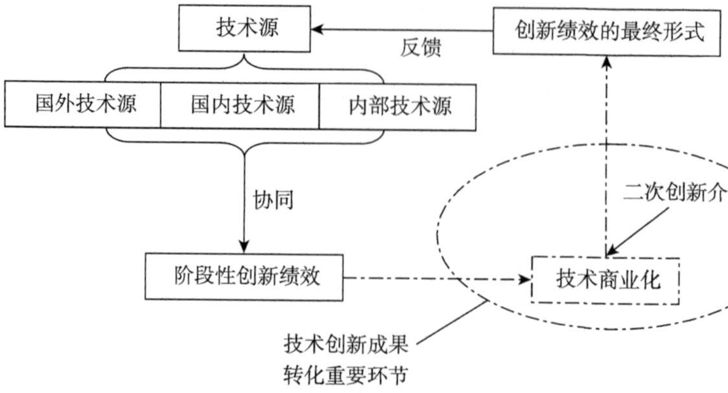

图 4.5　技术价值循环

4.5　本章小结

本章主要研究了企业技术获取提升创新绩效机制中的处理问题。一是明确了企业技术获取提升创新绩效过程中各技术源的角色定位：企业的核心主体地位，政府的引导角色，学研方的辅助支撑地位。以技术源角色定位为基础，将官产学研合作模式引入到企业技术获取研究中。二是在对企业技术获取提升创新绩效的技术源协同机理产生原因与主要障碍进行剖析的基础上，提出了以企业为核心点对链式官产学研协同技术获取的基本形式。三是结合中国数据进行了实证分析，实证结果表明整体上中国企业技术获取系统各子系统有序度保持了稳步增长的态势，但在进一步对技术源协同与企业不同类型创新绩效的因果关系检验上发现企业阶段性创新绩效和创新绩效的最终形式与技术源协同的关系不同，中国企业技术获取提升创新绩效的完整价值价值循环欠缺技术商业化这一重要环节。

第 5 章　企业技术获取提升创新绩效的路径传导

本章将主要解决第2章构建的企业技术获取提升创新绩效机制中的运行问题，即路径传导问题。在企业技术获取提升创新绩效的技术源选择结束，并实现技术源协同后，需进一步解决的问题就是理清企业技术获取提升创新绩效的逻辑脉络，搜寻企业技术获取提升创新绩效的传导路径并确定关键路径节点。本章对企业技术获取提升创新绩效的逻辑顺序进行分析的基础上，对其中的关键节点：企业技术进步进行研究。基于对企业技术进步的概念界定和测度，以技术进步为节点描述企业技术获取提升创新绩效的路径传导过程。将企业技术进步视为中介变量，技术获取视为前因变量，创新绩效视为因变量，使用中国30个省（直辖市、自治区）相关数据，运用面板数据模型对技术进步的中介效应进行检验，对比分析中国东、中、西部地区企业技术获取提升创新绩效传导路径的共性和差异。

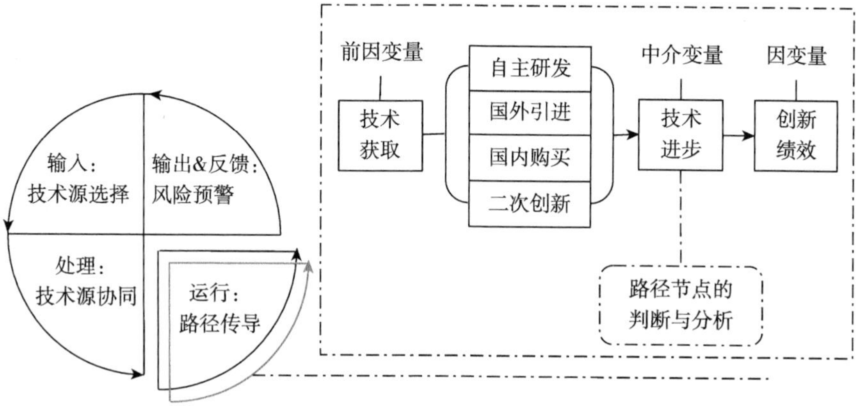

图5.1　企业技术获取提升创新绩效的路径传导分析框架

5.1　企业技术获取提升创新绩效的逻辑路径分析

在前文第1章中关于企业技术获取对创新绩效的影响做了文献回顾，国内外学者基本上都肯定并验证了企业不同技术获取模式对创新绩效的提升作用。在前文第2章中也对企业技术获取对创新绩效的提升效果做了验证，得到了与前述研究基本相同的结果，即企业技术获取能够提升创新绩效。但对于企业技术获取提升创新绩效的具体路径仍需进一步探索，尤其是对企业技术获取提升创新绩效过程中的中介变量搜寻需进一步完善。本节首先将基于企业技术获取提升创新绩效的逻辑过程，判断并分析其中的关键节点：企业技术进步。

5.1.1　企业技术获取提升创新绩效的路径节点判断

1. 以技术进步为目的的企业技术获取

经济全球化的趋势使得各种经济资源共享程度提高，技术流的国际与洲际流动也更加迅速。这种跨国际和洲际技术流一般都是由发达国家流动至发展中国家。对于技术能力相对落后的发展中国家而言，国外先进技术的引进被认为是迅速提升技术创新能力、完善技术结构和实现经济赶超的有效手段[247][248]。不论发展中国家出于何种目的，通过何种方式引进国外先进技术，其目的都是实现技术进步，拥有以新技术核心的持久性竞争力。而一些研究也证实了这一目的的实现，如跨国公司的技术扩散与技术外溢导致的技术接收国全要素生产率提升[249][250]。但现实情况中，由引进技术实现技术吸收企业的技术进步的情况却复杂的多。这是由于引进国外技术可分为体现性技术引进和非体现性技术引进两种主要类型[251]。其中体现性技术引进中的知识与技术多呈隐性化状态，这就要求技术引进自身企业具备较高的技术基础，以实现隐性技术显化过程；而非体现性技术多属编码形式的显性知识，与体现性技术相比虽吸收与处理过程相对容易，完成技术习得的难度较小。引进技术类型差异的存在，尤其是体现性技术引进的存在，要求企业必须完成技术学习才可实现技术进步。技术学习的三种基本模式为："干中学"、"用中学"和"R&D"中学[69]。即便某些技术可随时间的推移，在"干中"或"用中"自主获得，但在技术发展迅速，更新换代周期更短的知识经济时代，绝大部分技术能力的累积必须依靠有目的、有投入、有计划、有反馈 R&D 活动获取[252]。

由此可见，企业通过国外技术获取实现技术进步主要包括两个关键步骤：一是对国外技术的引进，即对体现性技术和非体现性技术的引进；二是对引进技术的学习，尤其是对体现性技术的持续 R&D 活动。同理，企业通过国内技术获取实现技术进步的过程也与之类似。而企业通过内部技术研发实现技术进步的过程就相对简单，因为内部技术研发上并不存在类似外部技术获取的第一个步骤，内部技术研发的过程自始至终均是一个持续的 R&D 过程。

2. 技术进步对创新绩效的推动作用

技术进步是一个国家和区域发展的重要推动力[253]。企业通过各种渠道实现的技术进步是推动企业进行持续技术创新的原因之一。Schumpeter于 20 世纪 60 年代就通过简单的线性模型反映了技术进步对自主创新的影响，研究表明技术进步对创新能力的提升有正向推动作用[254]。我国学者李柏洲和罗小芳（2013）以中国高技术产业五大行业大型企业为研究对象，通过实证分析验证了技术进步对自主创新的推动作用，发现整体上中国高技术产业五大行业大型的企业技术进步提升了创新绩效[255]。考虑技术创新的整个过程，企业在进行内部技术研发、外部技术引进和对外部技术二次创新过程中均会产生技术进步，而企业通过对新技术的习得与掌握，实现的技术进步对创新绩效的高贡献，能够有效地减少创新人才投入和资金投入，进而依靠技术本身实现持续创新，因此技术进步是创新绩效提升的着力点之一。中国正处于转变经济增长方式，实现跨越式发展和技术赶超的关键时期，充分发挥技术进步在经济发展和自主创新中的作用有助于中国更好的发挥后发优势，进一步缩小与发达国家的差距[256]。

5.1.2 以技术进步为路径节点的企业技术获取提升创新绩效逻辑路径

企业技术获取的直接效果就是企业的技术进步，而企业技术进步在提升创新绩效过程中又发挥着重要作用。因而技术进步可视为企业技术获取提升创新绩效的一个关键路径节点，即企业技术获取对创新绩效的提升通过技术进步得以实现。

由图 5.2 可知，以为技术进步为节点的企业技术获取提升创新绩效的逻辑路径可分为两个子路径：子路径 Ⅰ 是企业通过技术获取行为实现技术进步的过程，对于此过程中通过外部技术源引进的技术，尤其是体现性技术，须经二次创新的过程以达到技术进步实现的目的；子路径 Ⅱ 是企业利用技术进步提升创新绩效的过程。

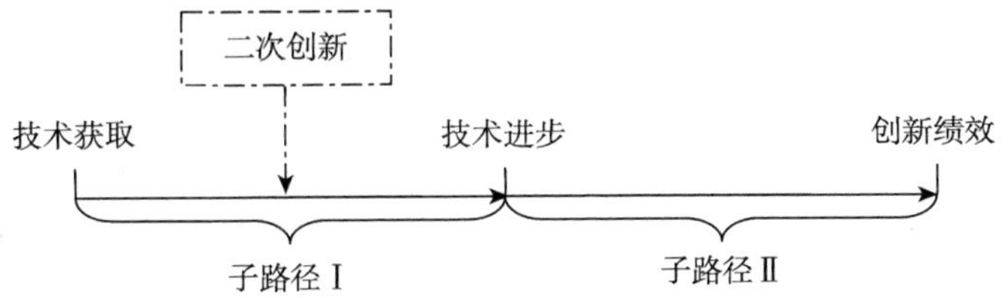

图 5.2　企业技术获取提升创新绩效的逻辑路径（以技术进步为节点）

5.2　技术进步的界定与测算

5.2.1　技术进步的概念界定

学者们对技术进步的研究始于 20 世纪中叶，这是一个经济增长理论研究的高涨期，产生了新的经济学分支——新古典增长理论。Solow（1957）通过其建立的新理论说明资本的深化可以在投资的动态增长中提高劳动生产率。在初始的 Solow—Swan 模型中，国家的储蓄（投资）与经济产出呈正向相关关系；技术进步是经济增长的重要动力源。[257]。但新古典增长理论在对技术进步的角色定位上较为模糊，对技术进步的理解也存在矛盾与冲突：将技术进步视为推动经济增长的动力源，但又将技术进步设定为经济增长的外生变量。这就使得新古典增长理论实质上忽视了造成经济增长的最重要原因。[258]。新古典增长理论诞生后 20 年左右，20 世纪 70 年代，西方发达国家经济发展陷入了长期滞胀；与此同时，部分欠发达国家和地区的经济发展迅速，与发达国家间差距持续缩小。这种以当时现有经济学理论难以解释的特殊现象引起了经济学界诸多学者的重视，使得学者们对经济增长问题的关注再度升温，由此便产生了新增长理论。新增长理论代表人物 Arrow（1962）假定技术进步是资本积累的副产品，承认了投资的溢出效应和外部性，使得其他厂商可以通过“学习”获得技术。由此，技术进步从外生变量成为了由经济系统决定的内生变量[259]。但在 Arrow 的模型中，经济增长取决于外生的人口增长，当人口增长停滞或为负时可理解为经济停滞和后退，这显然无法解释客观事实与具体问题。Romer（1986）承继了阿罗用技术外部性解释经济增长的研究思路，同时认为内生性技术进步是经济增长的唯一源泉[260]。Romer 提出了两条假设：一是企业决策催生知识与技术，知识与技术是由经济系统决定的内生变量；二是知识与技术的溢出效应使全社会生产率的提高能够得益于任一厂商仅有的知识和技术。而 Lucas（1998）则更看中人力资本在技术溢出时的作用，认为人力资本是同时具有内外部效应的，人力资本给自身带来收益的同时也能够提高要素生产率，而由于个人不会再这种外部效应中取得收益，所以这种外部效应存在正外部性[261]。Lucas 的观点体现了掌握先进技术的创新人才的重要作用。

新增长理论对技术进步的系统性研究是对新古典增长理论的发展与完善，虽然新增长理论诸多学者所持有的观点也有所不同，但他们均承认一个事实：经济增长是由经济系统的内生变量决定的，技术进步属于内生变量。经新增长理论诸多学者的研究，技术进步被更广泛地运用到经济增长的解释中，且对欠发展国家实现经济赶超提供了重要的理论依据。

通过对技术进步的相关研究梳理可知，这一概念始于 Solow 使用“技术变化”表示生产函数中除劳动和资本外的其他任何因素而对经济增长产生的影响，即广义的技术进步（全要素生产率），其反映了技术所涵盖的各种形式知识的积累与改进。而狭义上的技术进步主要是指生产工艺、中间投入品以及制造技能等方面的革新和改进。具体表现为对旧设备的改造和采用新设备改进旧工艺，采用新工艺，使用新原材料和能源对原有产品进行改进研究，开发新产品，提高工人的劳动技能等。尽管之后学界也并未对技术进步的准确含义形成共识，并对“索罗剩余”的分解进一步细化[262]，但在复杂的经济条件下，使用 Solow 的“技术变化”表示这种全要素生产率的变动在实证中有着良好的操作性，并被广大学者所接受和广泛应用[263][264]。因此选择使用广义的技术进步，以反映技术所涵盖的各种形式的知识积累与改进。

5.2.2 技术进步的测算

Fare 等人提出的 DEA - Malmquist 指数，使全要素生产率的计算变得更为简便[265]。DEA - Malmquist 指数不但能够分析跨时期决策单元效率值的变化，而且可以将其分解为技术效率和技术水平以及引起技术效率变化的纯技术效率与规模效率。通过分解，可以深入地了解影响技术进步的综合因素，避免把区域技术进步的变化单独归因于某一因素，忽视其它因素的影响。技术进步的测度过程如下：

以 t 期技术为基础，则产出角度的 DEA – Malmquist 指数表达式为：

$$M_i^t = \frac{D_i^t\ (x^{t+1},\ y^{t+1})}{D_i^t\ (x^t,\ y^t)} \tag{5-1}$$

其中，M_i^t 为决策单元 DMU_0 在 t 时期的效率值，D_i^t 为距离函数，$(x^t,\ y^t)$、$(x^{t+1},\ y^{t+1})$ 分别表示第 t 期、第 $(t+1)$ 期的投入、产出向量。同理，在 $(t+1)$ 的技术基础条件下，产出角度的 DEA – Malmquist 指数表达式为：

$$M_i^{t+1} = \frac{D_i^{t+1}\ (x^{t+1},\ y^{t+1})}{D_i^{t+1}\ (x^t,\ y^t)} \tag{5-2}$$

为避免时期选择与技术参照不同所造成的差异，用两者的几何平均数衡量由 t 到 $(t+1)$ 时期的 TFP 变化：

$$M_i^{t+1}\ (x^{t+1},\ y^{t+1};\ x^t,\ y^t) = \left[\frac{D_i^t\ (x^{t+1},\ y^{t+1})}{D_i^t\ (x^t,\ y^t)} \times \frac{D_i^{t+1}\ (x^{t+1},\ y^{t+1})}{D_i^{t+1}\ (x^t,\ y^t)}\right]\frac{1}{2} \tag{5-3}$$

在规模报酬不变（CRS）的前提下，(5 – 3) 式可分解为技术效率变化（EC）和技术水平变化（TC）之积；：

$$M_i\ (x^{t+1},\ y^{t+1};\ x^t,\ y^t) = \frac{D_i^{t+1}\ (x^{t+1},\ y^{t+1})}{D_i^t\ (x^t,\ y^t)} \times \left[\frac{D_i^t\ (x^{t+1},\ y^{t+1})}{D_i^{t+1}\ (x^{t+1},\ y^{t+1})} \times \frac{D_i^t\ (x^t,\ y^t)}{D_i^{t+1}\ (x^t,\ y^t)}\right]\frac{1}{2} \tag{5-4}$$

其中，

$$TC = \left[\frac{D_i^t\ (x^{t+1},\ y^{t+1})}{D_i^{t+1}\ (x^{t+1},\ y^{t+1})} \times \frac{D_i^t\ (x^t,\ y^t)}{D_i^{t+1}\ (x^t,\ y^t)}\right]\frac{1}{2} \tag{5-5}$$

$$EC = \frac{D_i^{t+1}\ (x^{t+1},\ y^{t+1})}{D_i^t\ (x^t,\ y^t)} \tag{5-6}$$

在规模报酬可变（VRS）的前提下，技术效率变化（EC）可进一步分解为纯技术效率变化（PTE）与规模效率变化（SE）之积：

$$EC = PTE \times SE \tag{5-7}$$

其中，

$$PTE=\frac{D_i^{t+1}(x^{t+1},y^{t+1}|VRS)}{D_i^t(x^t,y^t|VRS)} \tag{5-8}$$

$$SE=\frac{D_i^{t+1}(x^{t+1},y^{t+1}|CRS)}{D_i^{t+1}(x^{t+1},y^{t+1}|VRS)}\times\frac{D^t(x^t,y^t|VRS)}{D^t(x^t,y^t|CRS)} \tag{5-9}$$

即：

$$TFP=EC\times TC=(PTE\times SE)\times TC \tag{5-10}$$

当 TFP 大于 1 时，表示效率水平提高；当 TC 和 EC 大于 1 时，表示其推动了 TFP 的增长，反之，则造成了 TFP 的下降；同理，PTE 和 SE 的高低，则反映了它们对 EC 相应的影响。

5.3 中国企业技术获取提升创新绩效的路径传导实证分析

5.3.1 指标选取与数据来源

为对以技术进步为节点的企业技术获取提升创新绩效的路径传导效果进行实证分析，在指标的选取上，考虑到数据可得性，将企业主体进一步限定在大中型工业企业中。技术获取（TA）模式细分为自主研发、国外技术引进、国内技术购买和技术二次创新，分别用以下指标表示：

自主研发（ED）——大中型工业企业试验发展经费支出；

国外技术引进（FT）——大中型工业企业引进技术经费支出；

国内技术购买（DT）——大中型工业企业购买国内技术经费支出；

二次创新（ART）——大中型工业企业技术消化吸收经费支出与技术改造经费支出之和。

对大中型工业企业试验发展经费支出、引进技术经费支出、购买国内技术经费支出、技术消化吸收经费支出与技术改造经费支出均按照当年价格指数进行平减，考虑到这些技术获取投入对技术进步和创新绩效影响的持续性，依然使用 2.2.1 节中的永续盘存法对其进行累加，折旧率取 15%。

企业是重要的盈利性主体，为充分考虑企业从事技术创新活动的最终目的，即经济收益的实现，在企业阶段性创新绩效与创新绩效的最终形式中，仍选取创新绩效的最终形式衡量创新绩效，使用大中型工业企业新产品产值表示。

创新绩效（*NPO*）——新产品产值。

选择大中型企业年平均从业人员数和固定资产原价作为投入指标，选择大中型工业企业工业总产值作为产出指标[266]，运用 DEA - Malmquist 指数法对企业技术进步进行测度。对年平均固定资产原价和工业总产值按照当年价格指数进行平减，并使用永续盘存法对年平均固定资产原价进行累加，折旧率取 15%。2002 年—2011 年各省、直辖市、自治区（由于西藏部分数据缺失，将其剔除）大中型企业全要素生产率与累积全要素生产率[267]的描述性统计见表 5. 1。以上各指标数据均来源于《中国统计年鉴 2001—2012》和《中国科技统计年鉴 2001—2012》。

表 5. 1　全要素生产率与累积全要素生产率描述性统计

	样本数	均值	标准差	最大值	最小值
全要素生产率	300	1. 11	0. 13	1. 54（海南 2007）	0. 78（云南 2009）
累积全要素生产率	300	1. 97	0. 67	4. 97（内蒙古 2011）	0. 92（甘肃 2002）

注：计算软件为 DEAP2. 1。

技术进步（*TFP*）——全要素生产率。

5. 3. 2　计量模型

经企业技术获取提升创新绩效的逻辑路径分析，发现企业技术获取（包括经二次创新的体现性技术引进）会使企业实现技术进步，而企业技术进步是提升创新绩效的原因之一；前文 2. 2 也已验证了企业技术获取对创新绩效的显著正向影响。因此，初步假设技术进步在企业技术获取提升创新绩效的过程中扮演中介变量的角色[268]。现参照中介效应检验程序，对技术进步的中介效应进行实证检验，需进行三阶段回归，依次检验回归系数并进行 Sobel 检验[269]。如图 5. 3 所示，第一阶段验证自变量技术获取对因变量创新绩效影响的显著性；第二阶段验证前置变量技术获取对中介变量技术进步影响的显著性；第三阶段验以创新绩效为因变量，将前置变量技术获取和中介变量技术进步同时纳入回归方程，检验前置变量和中介变量的显著性。在每一阶段，均将技术获取模式细分为自主研发、国外引进、国内购买和由技术消化吸收改造构成的外部技术二次创新[270]。

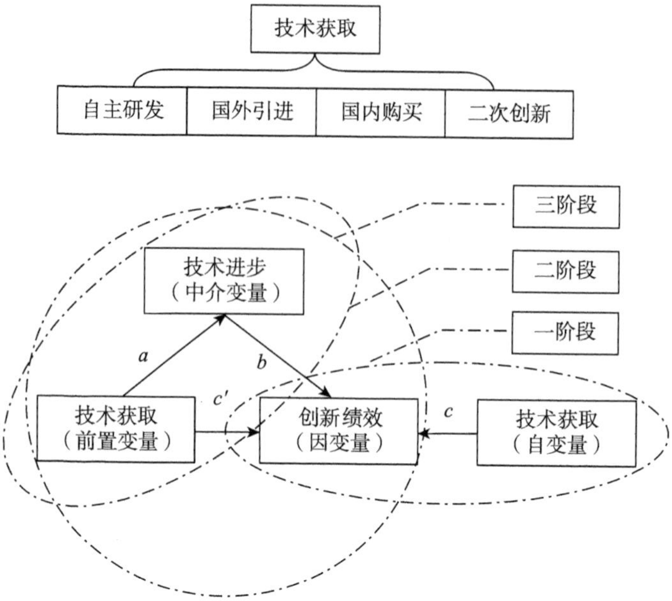

图 5.3　企业技术获取提升创新绩效的技术进步中介效应检验

仍以 Griliches 提出，Jaffe 及 Romer 等学者进一步完善的知识生产函数[271][272]为工具模型研究企业技术获取与创新绩效的关系：

$$Y_i = f\ (X_i,\ A_i,\ \varepsilon_i) \tag{5-11}$$

其中，X_i 为创新投入，如劳动力与资本；A_i 为知识技术水平；ε_i 为随机误差。之后的进一步研究显示，R&D 经费投入与创新绩效存在更为明显的正相关关系，其对创新绩效的贡献率远高于 R&D 人员投入的贡献率[107]，企业 R&D 投入是提高企业自主创新能力的重要决定性因素[273]。为对技术进步在技术获取经费投入与创新绩效关系中的中介作用进行验证，同时避免多重共线性和自相关现象，选取不同模式的技术获取经费投入，分别进行回归。在计量模型的选取上，由于面板数据在处理二手数据上的优势，近年来使用面板数据模型验证中介效应，搜寻自变量影响逻辑的研究开始出现[274][275]。为分析 2002 年—2011 年中国 30 个省、直辖市和自治区（因西藏大部分数据缺失，将其剔除）技术获取、技术进步和创新绩效相关关系时间序列上的整体变化趋势，本研究选择运用面板数据模型。为避免内生性问题引起的固定效应或随机效应回归时的结果偏误，使用 Arellano 和 Bover（1995）、Blundell 和 Bond（1998）在差分矩估计方法的基础上进一步提出的系统广义矩法（System - GMM）[276][277]进行回归。同时，为避免异方差问题，采取对数（ln）回归形式，构建如下中介效应验证模型：

$$\ln NPO_{i,t} = f_1 \left(\ln NPO_{i,t-1},\ \ln TA_{i,t} \right) \tag{5-12}$$

$$\ln TFP_{i,t} = f_2 \left(\ln TFP_{i,t-1},\ \ln TA_{i,t} \right) \tag{5-13}$$

$$\ln NPO_{i,t} = f_3 \left(\ln NPO_{i,t-1},\ \ln TA_{i,t},\ \ln TFP_{i,t} \right) \tag{5-14}$$

式（5 - 12）（5 - 13）（5 - 14）中，*NPO* 为大中型企业创新绩效，用其新产品产值表示；*TA* 为大中型企业技术获取经费投入，分别用自主研发经费（*ED*）、技术国外引进经费（*FT*）、购买国内技术经费（*DT*）和技术二次差创新经费（*ART*）表示；*TFP* 为技术进步，使用累积全要素生产率表示。

在区域划分上，依据 1983 年经全国人大六届四次会议审议通过的“七五”计划，划分东、中、西部地区。同时考虑到 1997 年重庆升级为直辖市，划归西部地区；2000 年中国又将西部大开发中享受优惠政策的范围扩大到内蒙古和广西，故对原有“七五”规划的划分作出相应调整，具体划分情况如表 5. 2 所示。

表 5. 2　中国区域划分

区域	省份（自治区、直辖市）构成
东部	北京、天津、河北、辽宁、上海、江苏、浙江、福建、山东、广东、海南
中部	山西、吉林、黑龙江、安徽、江西、河南、湖北、湖南
西部	重庆、四川、贵州、云南、西藏、陕西、甘肃、青海、宁夏、新疆、广西、内蒙古

5. 3. 3　平稳性检验

研究数据年份跨度 11 年，截面数 30 个，需对数据进行平稳性检验以避免伪回归。近年来发展起来的众多面板数据单位根检验各有优劣，考虑到面板数据中各截面序列的漂移项和趋势项的影响，为保证检验结果的稳健性，主要使用 LLC 检验、ADF - Fisher 检验和 PP - Fisher 检验，检验全国范围和东、中、西部地区企业面板数据的单位根。检验结果如表 5. 3 所示。

表 5.3 平稳性检验结果（水平序列）

		lnNPO	lnED	lnFT	lnDT	lnART	lnTFP
LLC	全国	-10.02***	-6.05***	-58.61***	-14.87***	-9.48***	-10.61***
	东部	-6.88***	-5.35***	-21.67***	-10.75***	-3.5039***	-3.5039***
	中部	-5.21***	-2.34***	-13.14***	-7.10***	-4.61***	-5.95***
	西部	-5.45***	-11.01***	-90.71***	-9.13***	-10.99***	-4.28***
ADF	全国	95.92***	110.45***	137.01***	120.53***	95.72***	95.72***
	东部	48.42***	47.80***	47.32***	40.88**	47.31***	55.09***
	中部	26.42**	30.77**	54.92***	45.91***	50.56***	26.16**
	西部	26.20*	31.88**	34.80***	55.83***	31.65**	26.78*
PP	全国	166.99***	103.12***	185.95***	156.94***	125.08***	125.08***
	东部	83.21***	43.98***	65.94***	63.57***	71.31***	106.71***
	中部	39.54***	27.86*	73.29***	35.53***	57.55***	56.91***
	西部	44.24***	46.11***	46.72***	57.84***	28.88**	30.32**

注：***、**、* 分别表示在 1%、5%、10% 水平下显著

由表 5.3 可知，ln *NPO*、ln *ED*、ln *FT*、ln *DT*、ln *ART*、ln *TFP* 均在水平条件下平稳，不存在单位根，对数形式增加了数据平稳性。伪回归问题可避免，可进一步对数据进行回归。

5.3.4 技术进步的中介效应检验过程与结果分析

首先，对全国范围内的企业技术进步中介效应进行检验。技术进步在企业自主研发和创新绩效关系中的中介效应三阶段回归分别为 M_1、M_2、M_3；技术进步在企业技术引进和创新绩效关系中的中介效应三阶段回归分别为 M_4、M_5、M_6；技术进步在企业技术购买和创新绩效关系中的中介效应三阶段回归分别为 M_7、M_8、M_9；技术进步在企业外部技术二次创新和创新绩效关系中的中介效应三阶段回归分别为 M_{10}、M_{11}、M_{12}。GMM 一般不定义拟合优度及 F 统计量，也不定义赤池信息原则，取而代之的是目标函数通过迭代而达到的最小值 J 的统计量和以 J 统计量为依据的 Sargan 检验。由表 5.4 可知，Sargan 检验均通过，在估计过程中所使用的条件工具变量在总体上有效。AR（1）P 值小于 0.05，AR（2）P 值大于 0.05，即 AR 检验中残差项存在一阶序列相关，但不存在二阶序列相关。模型 M_1 -

M_{12}回归结果均显著，全国范围内技术进步在技术获取与创新绩效关系中扮演了部分中介角色。

其次，为进一步验证东、中、西部地区企业技术进步中介效应存在性和对比这种中介效应效果的差异，分别对东、中、西部企业技术进步中介效应进行三阶段回归验证。东、中、西部技术进步在企业自主研发和创新绩效关系中的中介效应三阶段回归分别为 $M_{13}-M_{15}$、$M_{25}-M_{27}$、$M_{37}-M_{39}$；东、中、西部技术进步在企业技术引进和创新绩效关系中的中介效应三阶段回归分别为 $M_{16}-M_{18}$、$M_{28}-M_{30}$、$M_{40}-M_{42}$；东、中、西部技术进步在企业技术购买和创新绩效关系中的中介效应三阶段回归分别为 $M_{19}-M_{21}$、$M_{31}-M_{33}$、$M_{43}-M_{45}$；东、中、西部技术进步在企业外部技术二次创新和创新绩效关系中的中介效应三阶段回归分别为 $M_{22}-M_{24}$、$M_{34}-M_{36}$、$M_{46}-M_{48}$。回归结果如表 5.5、表 5.6、表 5.7 所示。Sargan 检验均通过；经 AR 项检验，残差项一阶相关，二阶不相关。

表 5.4　全国范围内企业技术进步中介效应检验

	自主研发→技术进步→创新绩效			技术引进→技术进步→创新绩效		
	M_1	M_2	M_3	M_4	M_5	M_6
$lnNPO_{t-1}$ (t 值)	0.35 *** (189.8)		0.32 *** (61.60)	0.73 *** (138.9)		0.42 *** (39.70)
lnED (t 值)	0.55 *** (147.0)	0.16 *** (28.56)	0.42 *** (31.41)			
lnFT (t 值)				0.68 ** (41.37)	0.24 *** (14.95)	−0.38 ** (−2.40)
lnDT (t 值)						
lnART (t 值)						
$lnTFP_{t-1}$ (t 值)		0.43 *** (25.84)			0.70 *** (73.38)	
lnTFP (t 值)			0.44 *** (8.81)			1.52 *** (20.88)

续表

	自主研发→技术进步→创新绩效			技术引进→技术进步→创新绩效		
	M_1	M_2	M_3	M_4	M_5	M_6
AR（1） P 值	0.00	0.00	0.00	0.00	0.00	0.00
AR（2） P 值	0.88	0.41	0.47	0.21	0.35	0.41
Sargan 检验 P 值	0.43	0.48	0.41	0.42	0.42	0.40
	技术购买→技术进步→创新绩效			二次创新→技术进步→创新绩效		
	M_7	M_8	M_9	M_{10}	M_{11}	M_{12}
$lnNPO_{t-1}$ （t 值）	0.32*** (195.1)		0.30*** (31.83)	0.41*** (456.7)		0.38*** (76.13)
lnED （t 值）						
lnFT （t 值）						
lnDT （t 值）	0.63*** (116.1)	0.17*** (51.92)	0.56*** (27.37)			
lnART （t 值）				0.94*** (463.7)	0.50*** (42.24)	0.51*** (12.50)
$lnTFP_{t-1}$ （t 值）		0.45*** (39.37)			0.21*** (10.46)	
lnTFP （t 值）			0.21*** (4.40)			0.65*** (12.08)
AR（1） P 值	0.00	0.00	0.00	0.00	0.00	0.00
AR（2） P 值	0.12	0.40	0.30	0.28	0.46	0.96
Sargan 检验 P 值	0.48	0.42	0.52	0.43	0.42	0.49

表 5.5　东部地区企业技术进步中介效应检验

	自主研发→技术进步→创新绩效			技术引进→技术进步→创新绩效		
	M_{13}	M_{14}	M_{15}	M_{16}	M_{17}	M_{18}
$lnNPO_{t-1}$ (t 值)	-0.13*** (-269)		-0.14*** (-4.40)	0.25*** (12.73)		0.11* (1.83)
lnED (t 值)	0.81*** (43.14)	0.13*** (10.76)	0.78*** (11.83)			
lnFT (t 值)				1.81*** (7.23)	0.29*** (3.12)	1.03*** (3.19)
lnDT (t 值)						
lnART (t 值)						
$lnTFP_{t-1}$ (t 值)		0.43*** (12.80)			0.53*** (10.03)	
lnTFP (t 值)			0.01 (0.02)			1.09*** (3.73)
AR (1) P 值	0.01	0.00	0.00	0.00	0.00	0.00
AR (2) P 值	0.95	0.58	0.76	0.13	0.12	0.55
Sargan 检验 P 值	0.29	0.38	0.80	0.44	0.39	0.31
	技术购买→技术进步→创新绩效			二次创新→技术进步→创新绩效		
	M_{19}	M_{20}	M_{21}	M_{22}	M_{23}	M_{24}
$lnNPO_{t-1}$ (t 值)	0.12*** (9.58)		0.09*** (2.46)	0.01*** (2.49)		0.07* (1.81)
lnED (t 值)						
lnFT (t 值)						
lnDT (t 值)	0.53*** (12.03)	0.15*** (10.66)	0.48*** (7.37)			

续表

	技术购买→技术进步→创新绩效			二次创新→技术进步→创新绩效		
	M_{19}	M_{20}	M_{21}	M_{22}	M_{23}	M_{24}
lnART (t值)				1.28 *** (15.97)	0.23 *** (9.81)	1.01 *** (7.43)
$lnTFP_{t-1}$ (t值)		0.35 *** (9.29)			0.41 *** (15.80)	
lnTFP (t值)			0.23 (0.89)			0.57 ** (2.21)
AR (1) P值	0.00	0.02	0.00	0.00	0.00	0.00
AR (2) P值	0.54	0.33	0.40	0.67	0.14	0.65
Sargan 检验 P值	0.43	0.37	0.38	0.53	0.40	0.76

表 5.6　中部地区企业技术进步中介效应检验

	自主研发→技术进步→创新绩效			技术引进→技术进步→创新绩效		
	M_{25}	M_{26}	M_{27}	M_{28}	M_{29}	M_{30}
$lnNPO_{t-1}$ (t值)	0.59 *** (47.25)		0.55 *** (22.15)	0.87 *** (44.08)		0.53 *** (19.75)
lnED (t值)	0.34 *** (14.73)	0.39 (0.44)	0.20 *** (3.10)			
lnFT (t值)				0.16 ** (2.33)	0.13 (0.27)	-0.63 ** (-3.25)
lnDT (t值)						
lnART (t值)						
$lnTFP_{t-1}$ (t值)		0.23 (0.52)			0.81 *** (11.94)	
lnTFP (t值)			0.52 *** (6.16)			1.16 *** (14.26)

续表

	自主研发→技术进步→创新绩效			技术引进→技术进步→创新绩效		
	M_{25}	M_{26}	M_{27}	M_{28}	M_{29}	M_{30}
AR（1） P 值	0.00	0.00	0.00	0.00	0.00	0.00
AR（2） P 值	0.52	0.11	0.60	0.26	0.35	0.40
Sargan 检验 P 值	0.41	0.56	0.74	0.68	0.45	0.48
	技术购买→技术进步→创新绩效			二次创新→技术进步→创新绩效		
	M_{31}	M_{32}	M_{33}	M_{34}	M_{35}	M_{36}
$lnNPO_{t-1}$ （t 值）	0.70*** (78.40)		0.62*** (37.85)	0.63*** (3.75)		0.52*** (11.69)
lnED （t 值）						
lnFT （t 值）						
lnDT （t 值）	0.27*** (23.40)	0.10*** (9.05)	0.01 (0.04)			
lnART （t 值）				0.56*** (7.18)	0.29*** (6.12)	0.42*** (2.78)
$lnTFP_{t-1}$ （t 值）		0.67*** (25.40)			0.51*** (12.01)	
lnTFP （t 值）			0.79* (1.95)			0.45*** (3.53)
AR（1） P 值	0.00	0.00	0.00	0.00	0.00	0.00
AR（2） P 值	0.30	0.27	0.40	0.43	0.19	0.74
Sargan 检验 P 值	0.43	0.52	0.30	0.50	0.43	0.79

表 5.7　西部地区企业技术进步中介效应检验

	自主研发→技术进步→创新绩效			技术引进→技术进步→创新绩效		
	M_{37}	M_{38}	M_{39}	M_{40}	M_{41}	M_{42}
$lnNPO_{t-1}$ (t 值)	0.72*** (38.98)		0.58*** (5.66)	0.81*** (36.06)		0.63*** (6.80)
lnED (t 值)	0.22*** (5.72)	0.23*** (7.87)	0.10 (0.38)			
lnFT (t 值)				0.37** (2.16)	0.10 (1.10)	0.27*** (2.96)
lnDT (t 值)						
lnART (t 值)						
$lnTFP_{t-1}$ (t 值)		0.41*** (7.90)			0.77*** (21.53)	
lnTFP (t 值)			0.65 (1.31)			0.56* (1.89)
AR (1) P 值	0.00	0.00	0.00	0.00	0.00	0.00
AR (2) P 值	0.24	0.71	0.30	0.20	0.37	0.17
Sargan 检验 P 值	0.82	0.36	0.42	0.46	0.46	0.36
	技术购买→技术进步→创新绩效			二次创新→技术进步→创新绩效		
	M_{43}	M_{44}	M_{45}	M_{46}	M_{47}	M_{48}
$lnNPO_{t-1}$ (t 值)	0.53*** (17.68)		0.48*** (5.59)	0.65*** (16.97)		0.66*** (8.60)
lnED (t 值)						
lnFT (t 值)						
lnDT (t 值)	0.55*** (5.17)	0.22* (1.96)	0.44** (2.59)			

续表

	技术购买→技术进步→创新绩效			二次创新→技术进步→创新绩效		
	M_{43}	M_{44}	M_{45}	M_{46}	M_{47}	M_{48}
lnART (t 值)				0.48 *** (7.32)	0.39 *** (11.64)	0.30 *** (2.71)
$lnTFP_{t-1}$ (t 值)		0.50 *** (3.63)			0.42 *** (11.64)	
lnTFP (t 值)			0.35 (0.85)			0.20 (0.58)
AR (1) P 值	0.00	0.00	0.00	0.00	0.00	0.00
AR (2) P 值	0.14	0.20	0.12	0.38	0.44	0.55
Sargan 检验 P 值	0.45	0.46	0.44	0.52	0.38	0.36

由表 5.5 可知，$M_{16}-M_{18}$、$M_{22}-M_{24}$ 回归结果均显著，即东部地区技术进步在企业技术引进与创新绩效关系中中介效应显著，技术进步在企业外部技术二次创新与创新绩效关系中中介效应也显著。而 $M_{13}-M_{15}$ 中 M_{15} 的 $s_{ab}=\sqrt{\hat{a}^2 s_b^2+\hat{b}^2 s_a^2}$ 系数不显著，需进行 Sobel 检验。若 Sobel 检验通过，则中介效应显著；若 Sobel 检验不通过，则中介效应不显著。Sobel 检验公式为：

$$s_{ab}=\sqrt{\hat{a}^2 s_b^2+\hat{b}^2 s_a^2} \tag{5-15}$$

其中，s_a、s_b 分别是 $\hat{a}$ 和 $\hat{b}$ 的标准误。检验统计量是 $z=\hat{a}\hat{b}/s_{ab}$。经计算，Sobel 检验统计量为 0.058，单尾概率 0.477，双尾概率 0.953。概率均大于 0.05，东部地区技术进步在企业自主研发与创新绩效关系中中介效应不显著。$M_{19}-M_{21}$ 中 M_{21} 的 c' 系数同样不显著，亦需进行 Sobel 检验，方法相同。经计算，Sobel 检验统计量为 0.887，单尾概率 0.187，双尾概率 0.375。概率均大于 0.05，东部地区技术进步在企业技术购买与创新绩效关系中中介效应不显著。

由表 5.6 可知，$M_{34}-M_{36}$ 中回归结果均显著，$M_{31}-M_{33}$ 中 M_{33} 的 ln *ED* 系数不显著，但在多前置因素的中介效应检验中，其系数（c′）检验无需进行。故中部地区技术进步在企业技术购买与创新绩效关系中中介效应显著，技术进步在企业外部技术二次创新与创新绩效关系中中介效应也显著。而 $M_{25}-M_{27}$、$M_{28}-M_{30}$ 中 M_{26}、M_{29} 的 ln *ED* 和 ln *FT* 系数不显著。Sobel 检验统计量分别为 0.858、0.268；单尾概率分别为 0.195、0.394；双尾概率分别为 0.391、0.789。因此，中部地区技术进步在企业自主研发与创新绩效关系中中介效应不显著，技术进步在企业技术购买与创新绩效关系中中介效应也不显著。

由表 5.7 可知，在表 6 中所有四个三阶段回归验证中均存在影响中介效应显著性的不显著变量系数，分别为 M_{39} 中 ln *TFP*，M_{41} 中 ln *FT*，M_{45} 中 ln *TFP* 和 M_{48} 中 ln *TFP* 的系数。故均需进行 Sobel 检验。Sobel 检验统计量分别为 1.294、0.953、0.782、0.581；单尾概率分别为 0.098、0.170、0.217、0.281；双尾概率分别为 0.196、0.341、0.434、0.561。因此，西部地区技术进步在任何企业技术获取模式与创新绩效关系中中介效应均不显著。

在中介效应显著的验证模型中，中介效应占总效应的比重为 $(a \times b)/c$。以全国范围内技术进步在企业自主研发与创新绩效中中介效应为例，中介效应占总效应的比重为 $(0.16 \times 0.44)/0.55 \approx 0.13$。即全国范围内企业自主研发经费投入对创新绩效的影响有大约 13% 的效果是通过技术进步实现的。其他各模型的企业技术进步中介效应占总效应比重算法相同，计算结果如表 5.8 所示。

表 5.8　技术进步中介效应占总效应比重

	自主研发→技术进步→创新绩效	技术引进→技术进步→创新绩效	技术购买→技术进步→创新绩效	二次创新→技术进步→创新绩效
全国	0.13	0.54	0.06	0.35
东部	不显著	0.17	不显著	0.10
中部	不显著	不显著	0.29	0.23
西部	不显著	不显著	不显著	不显著

尽管在全国范围内，技术进步在企业技术获取与创新绩效关系中中介效应显著，但在东、中、西部地区企业中，这种中介效应都或多或少地存在不显著的情况。其中，技术进步在企业自主研发与创新绩效关系中中介

效应在东、中、西部地区均不显著；技术进步在企业技术引进与创新绩效关系中中介效应在中部和西部地区不显著；技术进步在企业技术购买与创新绩效关系中中介效应在东部和西部西区不显著；技术进步在企业外部技术二次创新与创新绩效关系中中介效应在西部地区不显著，即在以上几种情形中，相应企业技术获取模式对创新绩效的贡献都是通过其自身实现的，技术进步并没有在这个过程中扮演中介变量的角色。

除西部地区企业外，技术进步在企业外部技术二次创新与创新绩效关系中中介效应均显著，中介效应占总效应的比重分别为 0. 35（全国），0. 10（东部），0. 23（中部），即企业外部技术二次创新对创新绩效的影响分别有 35%、10%、23%是由技术进步导致的。这表明企业的技术消化吸收和改造投入通过实现技术进步进而影响创新绩效的逻辑脉络在各种企业技术获取模式中最为清晰，技术进步在这种关系中作用较大。

技术进步在企业技术引进与创新绩效关系中中介效应占总效应比重分别为 0. 54（全国）、0. 17（东部），技术进步分别分担了 54% 和 17% 的影响效果。尤其是在全国范围内，企业技术进步在此种关系中中介效应所占总效应比重较大，这也表明中国企业通过国外先进技术引进这一捷径实现了技术的快速进步，借助国外技术引进对中国企业短时间内技术水平提升相对自主研发显得更为行之有效，技术的进步直接提升了创新绩效。同时，由于全国范围内技术进步在企业外部技术二次创新与创新绩效关系中中介效应占总效应比重也达到了 35%，说明中国企业在引进技术时同步进行的技术消化吸收和改造同样导致了技术进步，影响了创新绩效。这种国外技术的依赖是逐步内化的，企业技术受制于人的风险也较小。技术进步在企业技术购买与创新绩效关系中中介效应占总效应比重分别为 0. 06（全国）、0. 29（东部），技术进步分别分担了 6% 和 29% 的影响效果。由于中部地区的地理、地域条件限制，企业获取国外引进技术相对东部地区优势不大，但其与国内企业进行技术交流却相对频繁，技术进步在此种关系中中介效应所占总效应比重也较大。

另外，值得反思的是，西部地区企业技术进步在技术获取与创新绩效关系中中介效应均不显著。虽然技术进步对西部欠发达地区企业技术创新能力提升，尤其是技术水平追赶意义重大，但该区域任何模式的企业技术获取都没有通过实现技术的进步而提升创新绩效。西部地区企业创新绩效的提升依赖于其技术获取的经费投入，而技术进步并没有发挥其应有的作用，即便是外部技术二次创新的经费投入，都没能够实现技术进步的显著中介效应。西部地区企业技术获取经费统筹配置有待完善，利用效率有待提高。

5.3.5 传导路径的存在与缺失

经对中国大中型工业企业以技术进步为中介变量的技术获取提升创新绩效的中介效应验证，可发现中国企业不同技术获取模式（自主研发、国外引进、国内购买和二次创新）经技术进步这一关键节点提升创新绩效的传导路径并不完全存在，尤其是在西部地区四条传导路径全部缺失。

表 5.9　中国企业技术获取提升创新绩效的传导路径存在与缺失

范围	路径存在 & 缺失			
全国	*A*	*B*	*C*	*D*
东部	~~*A*~~	*B*	~~*C*~~	*D*
中部	~~*A*~~	~~*B*~~	*C*	*D*
西部	~~*A*~~	~~*B*~~	~~*C*~~	~~*D*~~

注：自主研发→技术进步→创新绩效为 *A* 路径，技术引进→技术进步→创新绩效为 *B* 路径，技术购买→技术进步→创新绩效为 *C* 路径，二次创新→技术进步→创新绩效为 *D* 路径；*ABCD* 代表路径存在，~~*A*~~ ~~*B*~~ ~~*C*~~ ~~*D*~~代表路径缺失。

由表 5.9 可知，从区域层面上看，全国范围内企业技术获取提升创新绩效的传导路径均存在，整体上中国企业在技术获取中进行了系统性的技术学习，完成了对体现性技术隐形知识的显化和非体现性技术知识编码的转译。东、中部地区企业存在一部分传导路径，同时缺失一部分传导路径。以东部地区企业为例，这一区域企业发挥了经济开放程度高，吸引外资能力强，掌握先进技术速度快的特点，主要依靠国外技术引进与外部技术二次创新实现技术进步，带动创新绩效的提升，实现了 *B* 路径和 *D* 路径，但缺失了 *A* 路径与 *C* 路径。以中部地区企业为例，这一区域地处链接中国东、西部地区的重要地理位置上，相对频繁的国内技术交流使该地区企业通过国内技术购买及其二次创新达成技术进步，提升创新绩效。而西部地区企业四条传导路径全部缺失，技术进步这一重要路径节点完全消失。

从路径分类上看，*D* 路径是各区域中存在最多的路径，这表明外部技术二次创新活动，尤其是针对对体现性技术引进而进行技术学习，是企业技术进步的重要原因，而通过此种方式实现的技术进步，会对企业创新绩效的提升产生巨大的推动作用。

5.4　本章小结

本章研究了企业技术获取提升创新绩效机制的运行问题。主要研究了两方面的内容，并进行了针对性实证分析。研究的两方面内容是：第一，以企业技术获取提升创新绩效的逻辑路径为出发点，判断了企业技术获取提升创新绩效的关键节点——技术进步。第二，对技术进步这一关键节点进行分析，选择技术进步的广义定义来描述技术所涵盖的各种形式知识的积累与改进，运用 DEA - Malmquist 对中国企业技术进步进行测度。进行的实证分析是：基于以技术进步为关键节点的企业技术获取提升创新绩效的逻辑路径，以技术进步是中介变量为初步假设，运用动态面板数据模型验证了技术进步的中介效应。经验证发现区域层面上的企业技术进步中介效应存在区域异质性，在东部地区主要显著于以企业国外技术引进为前置变量的技术创新过程中，在中部地区则主要显著于以企业国内技术购买为前置变量的技术创新过程中，而在西部地区却均不显著。最后总结了中国国企业以技术进步为关键节点的技术获取提升创新绩效传导路径的存在与缺失情况。

第 6 章　企业技术获取提升创新绩效的风险预警

本章将主要解决第2章构建的企业技术获取提升创新绩效机制中的输出与反馈问题，即风险预警问题。企业在通过技术获取提升创新绩效的过程中，会出现一系列技术风险，准确识别这些风险，实时关注风险演化，并对风险和演化风险进行预警是保障企业技术获取提升创新绩效机制实现的重要工作之一。本章在对企业技术获取提升创新绩效的风险进行识别的基础上，凝练出中国企业在这一过程中面临的主要风险：技术封闭风险、技术依赖风险和技术结构风险。对这些技术风险及其演化进行识别，以集对分析和模糊集理论为基础，分析企业技术获取提升创新绩效的风险预警全过程。以中国规模以上工业企业为研究对象进行实证分析，对其所面临的技术风险和风险演化进行预警，提炼预警信息，为中国企业进行风险规避提供支持。

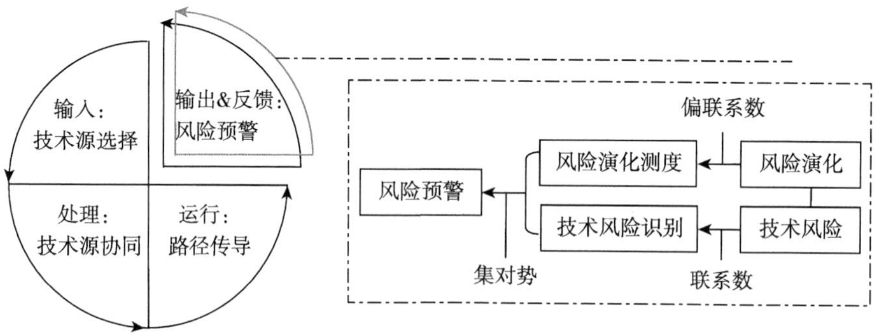

图6.1　企业技术获取提升创新绩效的风险预警分析框架

6.1　企业技术获取提升创新绩效的风险识别

企业技术获取提升创新绩效的过程存在一定的技术风险，这种风险主要是指企业在选择技术获取模式时，忽视技术源协同，过度依靠某一种技术获取模式对企业创新绩效的高贡献而造成的对其他技术获取模式的挤出。过度依靠企业内部技术自主研发对创新绩效的高贡献而忽视外部技术获取，易形成技术封闭风险；过度依靠外部技术获取对创新绩效的高贡献而忽视内部技术自主研发，易形成技术依赖风险；由于内部技术自主研发与外部技术获取在提升创新绩效过程中的不匹配情况还易造成技术的次生结构性风险。技术封闭风险、技术依赖风险和技术结构风险在企业技术获取提升创新绩效的过程中不断演化，表现为技术封闭风险和技术依赖风险的互补性增减与制衡过程。

6.1.1　技术封闭风险识别

技术封闭风险是指企业通过内部技术研发的高贡献完成企业技术获取提升创新绩效的全过程，内部技术研发对外部技术获取形成挤出效应，缺少外部技术流动的风险。

技术封闭形成的原因是多方面的。一是企业内部技术研发能力较高，企业本身是该行业或领域中的技术领导者，是技术扩散和技术外溢的推动者，外部技术交流相对内部技术研发而言对企业提升自身技术水平和创新绩效意义不大。对这些企业来说进行技术封闭风险预警和规避的意义不大。因为这些企业已经实现了由模仿创新到自主创新的创新模式转变，巩固和提升企业自主创新能力也是提升企业原始创新能力的客观要求。二是企业由于经济环境、区域位置、行业特性和领导思维等多种因素制约而造成的与外界知识技术信息交流不畅，组织边界过于闭塞。对这些企业来说，准确识别技术封闭风险，完成技术封闭风险的预警与规避是必须的。在经济全球化大背景下，中国改革开放后经济外向度明显提高，知识和技术的对外交流也相当频繁，但中西部地区对外知识技术交流较之东部沿海地区仍明显落后，对中西部欠发达地区而言，识别技术封闭风险是企业技术获取提升创新绩效过程中的重要任务之一。

由此可见，技术封闭风险的形成需具备以下两个条件：一是企业存在对外技术交流和外部技术获取的需求；二是在对外技术交流和外部技术获取需求存在的前提下企业提升创新绩效依然依靠内部技术研发的高强度贡献。同时具备这两个条件，可判断企业存在技术封闭风险。技术封闭风险主要通过技术封闭强度刻画，即企业提升创新绩效过程中内部技术研发的高强度贡献。

6.1.2 技术依赖风险识别

中国正处于经济增长方式转变，在后国际金融危机时期国际竞争中抢占制高点、争取创新优势的关键时期，增强中国经济抵御国际市场风险的能力显得尤为重要。这种风险就包括大量技术引进对中国自主创新，特别是原始创新的挤出风险。而国内研究多关注于技术获取对创新绩效、技术能力的重要贡献与作用路径[278-280]，关于中国企业外部技术依赖，即经济增长和创新绩效提升过程中对不同技术获取模式的依赖，尤其是对除自主研发外的外部技术依赖并没有得到高度的重视。相对于技术封闭风险，进行技术依赖风险识别对发展中国家而言更为重要，这是发展中国家避免技术受制于人和实现由模仿创新到自主创新跨越式发展的关键环节。

技术依赖风险是指企业通过外部技术获取的高贡献完成提升创新绩效的全过程，外部技术获取对内部技术研发形成挤出效应，以至企业缺少自主核心技术竞争力的风险。技术依赖风险可分为技术依赖强度风险和技术依赖方式风险。

6.1.2.1 技术依赖强度风险识别

技术依赖强度是指企业创新绩效提升过程中对外部技术依赖的强弱。技术依赖强度风险是指因企业创新绩效提升过程中对外部技术的高强度依赖而形成的风险。

随着经济全球化的日益深入，企业对外部技术获取的热情往往高于自主研发，这是出于技术约束、技术风险和技术成本等角度进行综合考虑的结果。但从企业、区域和国家的长远发展角度来看，技术自主研发具有不可替代的重要作用[281]，因此企业在提升创新绩效过程中长期过度依赖外部技术，尤其是对外部技术不加改造的机械利用，无疑会对自身内部技术自主研发能力造成不利影响，企业成为该行业技术领导者的可能性也会大大降低，这是企业在利用外部技术源进行外部技术获取时所面临的重要技术风险。

感知技术依赖强度风险与技术封闭强度风险是同时进行的，这种技术风险集合存在以下四种情况：第一，若企业具有较高的技术依赖强度风险和较低的技术封闭强度风险，则技术依赖是企业面临的主要风险；若企业具有较高的技术封闭强度风险和较低的技术依赖强度风险，则技术封闭是企业面临的主要风险；若企业同时具有较高的技术封闭风险与技术依赖风险，需进一步识别技术结构风险，技术结构风险识别将在下文 6. 1. 3 中介绍；若企业同时具有较高低的技术封闭风险和技术依赖风险，则需在识别技术结构风险的同时考虑企业是否在技术获取行为中过于消极。

6. 1. 2. 2　技术依赖方式风险识别

企业的外部技术获取是一个持续的过程，企业对国外引进技术或国内购买技术进行消化、吸收和改造是实现自身研发力量参与到外部技术获取中的重要途径。当企业受限于自身技术资源瓶颈，难以达成产品、工艺和服务的原始性创新时，通过利用外部技术源以弥补自身技术水平的不足，从而迅速缩短与竞争对手的技术差距是必然的选择。企业进行外部技术获取的最终目标是借助对这些先进技术的消化吸收与二次创新，将外部技术内化，进而提升企业的自主创新能力。技术接收企业的技术吸收能力显著影响技术获取的绩效[282]。因此，对技术依赖强度进行预警的同时，必须同时考虑企业引进外部技术后的消化吸收和二次创新能力，即外部技术依赖方式：机械依赖和创造性依赖。所谓机械依赖是指企业在引进或购买外部技术时并未充分地对先进技术进行消化吸收和二次创新，单纯依靠外部技术投入强度实现创新绩效的提升。而创造性依赖是指企业在引进或购买外部技术的同时通过自主研发实现了对技术的消化吸收和二次创新，将技术内化。显然，创造性依赖是技术依赖的较合理方式。故进一步提出技术依赖方式的概念，即外部技术获取后采用何种方式促进创新绩效提升：是机械地依靠外部技术的贡献，还是通过消化吸收和二次创新而实现创造性依赖。

对企业技术依赖方式进行风险识别能够保障企业在外部技术获取过程中尽最大可能地将自身研发力量投入其中，以完成对外部技术的内化过程，进而通过对外部技术的学习，实现自身技术水平的提升。

6. 1. 3　技术结构风险识别

技术封闭（依赖）强度能够反映创新绩效对通过自主研发、国外技术引进和国内技术购买获得的技术与知识的依赖程度，技术依赖方式能够反映企业在利用外部获取的技术过程中是否存在二次创新活动。但依靠技术封闭（依赖）强度和技术依赖方式对中国技术封闭（依赖）进行预警并不完善，这主要是由于以下两种情况的存在：一是企业技术封闭，但通过技术自主研发实现对创新绩效的高贡献的同时也对外部技术依赖较大，二是企业技术依赖，但通过外部技术提升创新绩效的同时也形成了较高的技术封闭强度。这种两种情况可以理解为企业在技术获取的方式上实现了多样化。因此，需继续判定识别技术结构，即外部技术获取与内部技术研发的匹配程度。技术结构风险识别就是要识别技术结构合理性。

不论是内部技术自主研发和外部技术获取都是企业重要的技术获取模式。内部技术自主研发能力满足企业长期发展目标，是企业的核心竞争力；外部技术获取解决了内部技术自主研发的技术约束，降低了技术创新风险，同时也节约了时间成本，是企业短期内实现技术追赶的合理选择。两者并不是互相排斥的关系，而是相互弥补的互补性关系，协调好两者间的组成结构，发挥一种技术获取模式的优势，弥补另一种技术获取模式的劣势，形成合理的技术结构能够有效地提升企业技术创新能力。企业形成合理的技术结构，通过多种渠道完成技术获取过程，是企业技术获取提升创新绩效的重要依仗方式，这是因为：首先，合理的技术结构要求企业自身技术研发力量广泛参与其中，通过内部技术研发、整合或外部技术内化实现技术的习得，这就避免了过度的外部技术依赖；其次，合理的技术结构为企业技术获取提供了丰富的外部技术源，能够避免企业技术的过度封闭；再次，合理的技术结构有利于企业选择最合适的技术获取模式获取技术，极大地丰富了企业技术选择余地；最后，合理的技术结构调动了产学研各主体的广泛参与，加速了区域知识技术交流，有利于区域创新能力的发展。

6.1.4 技术风险的演化与识别

技术封闭风险、技术依赖风险和技术结构风险在企业技术获取提升创新绩效的过程中不断演化，表现为技术封闭风险和技术依赖风险的互补性增减与制衡过程。

如图 6.2 所示，技术封闭风险与技术依赖风险是相互制衡的互补性关系，一种风险的增加也就意味着另一种风险的减少。具体而言，技术封闭强度的增加和技术依赖方式的合理化均会减少技术依赖风险；而技术依赖强度的增加会减少技术封闭风险；技术结构的优劣调节着技术风险演化中技术封闭风险与技术依赖风险制衡点的移动。企业技术风险的识别、预警、规避全过程实质上是帮助企业实现由模仿创新到自主创新的转变过程。因为对于模仿创新企业而言，一旦在技术获取提升创新绩效过程中感知并识别了技术封闭（依赖）风险，则会通过开放（关闭）组织边界，进行外部技术获取（技术自主研发）活动，完善技术结构，对风险进行规避，这最终会使得模仿创新企业技术水平的显著提升，增强企业的自主创新能力。

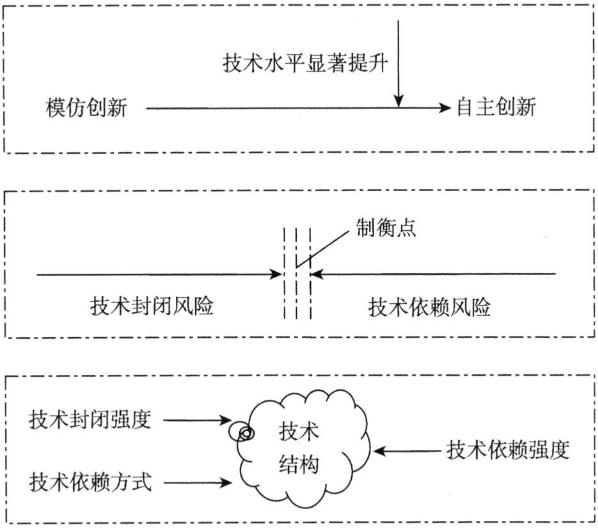

图 6.2　技术风险演化与制衡

对技术风险演化进行识别的重要意义在于：第一，时刻关注技术风险的演化是企业技术获取提升创新绩效长期决策的管理工具，实现了对技术风险的全程识别与监控；第二，技术风险演化识别能够使企业对潜在风险和次生风险的掌握更加科学、系统，保证了技术获取战略决策的长期性和一致性；第三，技术风险演化识别使企业对当期风险有了发展性的全局认识，警醒企业对当期风险较低但演化风险较高的技术风险提起足够重视，而对当期风险较高但演化风险较低的技术风险进行适当监控即可。

6.2 企业技术获取提升创新绩效的风险预警过程分析

6.2.1 研究方法

6.2.1.1 联系数与模糊集理论

为解决模糊不确定条件下的具体问题，美国学者 Zadeh（1965）在上世纪六十年代提出了模糊集的概念，即给定论域 X 上的一个模糊集 A 是指对任何 $X \in A$，都有一个数 $\mu(x) \in [0, 1]$ 与之对应，$\mu(x)$ 称为 x 对 A 的隶属度，μ 称为 A 的隶属函数[283]。保加利亚学者 Atanassov（1986）在此基础上把仅考虑隶属度的 Zadeh 模糊集推广到了同时考虑隶属度、非隶属度及犹豫度的直觉模糊集，拓展了模糊集的研究宽度[284]。近年来，模糊集和直觉模糊集得到了广泛应用，主要用于处理模糊不确定性问题，并被逐步改善[285-288]。但直觉模糊集迄今止并没有明确的代数表达，使其在对问题进行进一步量化分析时欠缺解释力。而中国学者赵克勤提出的集对分析从理论上承认客观事物的模糊不确定性，同时给出的刻画研究对象模糊不确定性与确定性相互联系、相互作用的同异反联系数（简称联系数），实现了对直觉模糊集代数形式的数学归纳，是对模糊集理论的重要创新。特别是集对分析理论中的联系数引入了不确定数 i，便于对 i 所承载的不确定性展开具体分析和讨论[289]。模糊集理论和集对分析方法的相似性与互补性使得两者的结合，即隶属度与同一度的替代转换，通过集对分析中的联系数归纳模糊集的代数表达形式成为可能。

6.2.1.2 联系数的基本形式

集对为具有一定联系的两个集合组成的对子，而集对分析是着眼于对系统作同异反定量研究的一种系统分析方法[290-292]。集对理论将两个集合的关系划分为确定关系和不确定关系，其中确定关系进一步细分为“同一”和“对立”两种，而将不确定关系称为“差异”，从而建立同异反联系函数，从同、异、反三个方面分析事物或系统，这与 Atanassov 提出的由隶属度、非隶属度、犹豫度描述的直觉模糊集在理论渊源上形成了实际对应。集对分析中的同异反联系数可用下式表示：

$$\mu=\frac{S}{N}+\frac{F}{N}i+\frac{P}{N}j \tag{6-1}$$

其中，N 为集对特征总数，S 为集对中相同的特征数，P 为集对中相反的特征数，F 为集对中既不相同又不相反的特征数，N、S、P、F 满足 $F=N-S-P$；$\frac{S}{N}$、$\frac{F}{N}$和$\frac{P}{N}$分别为两集合指定问题下的同一度、差异度和对立度；i 为差异度系数，$i\in[-1, 1]$，j 为对立度系数，且 $j=-1$。为简便起见，一般规定 $a=\frac{S}{N}$，$b=\frac{F}{N}$，$c=\frac{P}{N}$，则同异反联系数简化为：

$$\mu=a+bi+cj \tag{6-2}$$

其中，$a+b+c=1$ 且 a，b，$c\in[0, 1]$，同样有 $i\in[-1, 1]$，$j=-1$。称 a 为同一度分量，系数为1；b 为差异度分量，系数取值区间为 $[-1, 1]$，c 为对立度分量，系数为 -1。若集对系统中两个集合的某种测度分别用它们各自的实数 x、y 来表示，那么这两个集合的同一度为 $a_{xy}=\min(x, y)/\max(x, y)$。

若将式（6-2）中的 b 分解成 n 项，则可得到 n 元联系数：

$$\mu=a+b_1i_1+b_2i_2+...+b_ni_n+cj \tag{6-3}$$

当 $n=3$ 时，即 $\mu=a+b_1i_1+b_2i_2+b_3i_3+cj$，通常写作：

$$\mu=a+bi+cj+dk+el \tag{6-4}$$

该式即五元联系数，$\forall a, b, c, d, e\in[0, 1]$，$i\in[0, 1]$，$j\in[0, 0]$，$k\in[-1, 0]$，$l=-1$，其中 j 为中性标记，不作 $j=0$ 解。五元联系数的自身性质决定了其在风险预警机制构建中具有重要作用，a，b，c，d，e 可分别代表低度风险、较低风险、中度风险、较高风险和高度风险[293]。

6.2.1.3　模糊隶属联系数化及其应用

中国学者刘秀梅和赵克勤研究了简单的二元联系数 $\mu=a+bi$ 的模糊隶属度联系数化过程。二元联系数 $\mu=a+bi$ 中若满足 $a+b=1$，则可进行模糊隶属度的联系数化：把 Zadeh 提出的关于 X 属于给定集合 A 的模糊隶属度 $\mu(x)\in[0, 1]$ 通过与该隶属度的补数 $1-\mu(x)$ 的联系后改写成联系数：

当$1-\mu(x)$是对$\mu(x)$的否定时，把$\mu(x)$改写成：

$$\mu_{\tilde{A}}(x)'=\mu_{\tilde{A}}(x)+[1-\mu_{\tilde{A}}(x)]j \tag{6-5}$$

当不能确定$1-\mu_{\tilde{A}}(x)$是否是对$\mu_{\tilde{A}}(x)$的否定时，把$\mu_{\tilde{A}}(x)$改写成：

$$\mu_{\tilde{A}}(x)'=\mu_{\tilde{A}}(x)+[1-\mu_{\tilde{A}}(x)]i \tag{6-6}$$

类似地，如果仅给出一个元素x是否属于集合$\tilde{A}$的不确定程度为$\mu_{\tilde{A}}(x)=b$，$b\in[0,1]$，则当$1-b$是确定x属于$\tilde{A}$时，改写成：

$$\mu_{\tilde{A}}(x)=a+bi,\ a+b=1 \tag{6-7}$$

当$1-b$是确定x不属于$\tilde{A}$时，改写成：

$$\mu_{\tilde{A}}(x)=bi+cj,\ b+c=1 \tag{6-8}$$

借用联系数的思想，对式（6-5）-（6-8）进行相应改进，即对i所承载的不确定性展开具体分析和讨论。此不确定性进一步细分为三种形式时，形成如式（6-4）所示的五元联系数形式。同时将模糊隶属度与其补数的形式进行扩展，用同一度替代这种隶属，使其能够反映研究的技术风险，即技术完全封闭（依赖）为$1-\mu_{\tilde{A}}(x)$，$\mu_{\tilde{A}}(x)\in[0,0.2]$，技术完全不封闭（依赖）为$\mu_{\tilde{A}}(x)$，相邻等级的同一度级差为$\{\mu_{\tilde{A}}(x)+[1-\mu_{\tilde{A}}(x)]\}/5=0.2$。那么基于技术封闭（依赖）同一度的五元联系数改进为：

$$\mu_{\tilde{A}}(x)'=[1-\mu_{\tilde{A}}(x)]+[0.8-\mu_{\tilde{A}}(x)]i+[0.6-\mu_{\tilde{A}}(x)]j+[0.4-\mu_{\tilde{A}}(x)]k+\mu_{\tilde{A}}(x)l \tag{6-9}$$

若集对的两个集合为已被相关研究确定具有较高关联度的技术获取（简记为x_{ta}）与创新绩效（简记为y_{out}）[294][295]。那么式（6-9）中各符号的含义引申为：

$[1-\mu_{\tilde{A}}(x)]$：集对中高封闭（依赖）的特征分量；

$[0.8-\mu_{\tilde{A}}(x)]$：集对中较高封闭（依赖）的特征分量；

$[0.6-\mu_{\tilde{A}}(x)]$：集对中中度封闭（依赖）的特征分量；

$[0.4-\mu_{\tilde{A}}(x)]$：集对中较低封闭（依赖）的特征分量；

$\mu_{\tilde{A}}(x)$：集对中低封闭（依赖）的特征分量。

i，j，k，l分别为较高封闭（依赖）系数，中度封闭（依赖）系数，较低封闭（依赖）系数和低度封闭（依赖）系数。

6.2.2　基于集对分析的企业技术获取提升创新绩效风险预警过程描述

6.2.2.1　单组数据的风险预警

（1）技术封闭（依赖）强度风险预警

创新绩效（y_{out}）与技术获取（x_{ta}）的一般数学关系为：

$$y_{out} = f\ (x_{out}) \tag{6-10}$$

技术获取进一步细分为自主研发（简记为 ed）、国外技术引进（简记为 ft）、国内技术购买（简记为 dt）三种方式，式（6－10）可写为：

$$y_{out} = f\ (x_{ed},\ x_{ft},\ x_{dt}) \tag{6-11}$$

在共有 n 组数据构成的集对（x_{ed}，y_{out}）（x_{ft}，y_{out}）（x_{dt}，y_{out}）中，每组数据 λ 的自主研发技术封闭强度同一度（$a_{1\lambda}$）、国外技术引进依赖强度同一度（$a_{2\lambda}$）和国内技术购买依赖强度同一度（$a_{3\lambda}$）分别为：

$$\begin{cases} a_{1\lambda} = \dfrac{\min\ (\bar{x}_{ed\lambda},\ \bar{y}_{out\lambda})}{\max\ (\bar{x}_{ed\lambda},\ \bar{y}_{out\lambda})} \\ a_{2\lambda} = \dfrac{\min\ (\bar{x}_{ft\lambda},\ \bar{y}_{out\lambda})}{\max\ (\bar{x}_{ft\lambda},\ \bar{y}_{out\lambda})} \\ a_{3\lambda} = \dfrac{\min\ (\bar{x}_{dt\lambda},\ \bar{y}_{out\lambda})}{\max\ (\bar{x}_{dt\lambda},\ \bar{y}_{out\lambda})} \end{cases} \tag{6-12}$$

其中 $\bar{x}_{ed\lambda}$、$\bar{x}_{ft\lambda}$、$\bar{x}_{dt\lambda}$、$\bar{y}_{out\lambda}$ 均为标准化值，$\bar{x}_{ed\lambda}$、$\bar{x}_{ft\lambda}$、$\bar{x}_{dt\lambda}$、$\bar{y}_{out\lambda} \in [0,\ 1]$。

对于每组数据 λ 的共 n 个 $a_{2\lambda}$ 或 $a_{3\lambda}$，参照式（6－9）对［0，1］区间进行等量均分。查看表 6.1 可对技术依赖强度进行判定预警。

根据表 6.1，可得技术封闭强度、国外技术依赖强度和国内技术依赖强度的联合预警集 $\{a_{1\lambda},\ a_{2\lambda},\ a_{3\lambda}\}$，其中 $a_{1\lambda}$ 反映技术封闭强度风险，$a_{2\lambda}$ 反映国外技术依赖强度风险，$a_{3\lambda}$ 反映国内购买依赖强度风险。

表 6.1　第 λ 组数据的技术封闭（依赖）强度判定表

$a_{1\lambda}$、$a_{2\lambda}$、$a_{3\lambda}$	依赖强度定性	预警等级
0.8－1	高封闭（依赖）强度	5
0.6－0.8	较高封闭（依赖）强度	4
0.4－0.6	中度封闭（依赖）强度	3
0.2－0.4	较低封闭（依赖）强度	2
0－0.2	低封闭（依赖）强度	1

（2）技术依赖方式风险预警

国外技术引进（*ft*）、国内技术购买（*dt*）分别与技术的消化吸收改造（简记为 *art*）构成两组集对，技术依赖方式联系数的引申方式同技术依赖强度联系数和技术依赖结构联系数相同。技术依赖方式合理性可用国外技术引进同技术消化吸收改造的同一度 $a_{6\lambda}$、国内技术购买同技术消化吸收改造的同一度 $a_{7\lambda}$ 表示：

$$\begin{cases} a_{6\lambda}=\dfrac{\min(\bar{x}_{ft\lambda},\ \bar{x}_{art\lambda})}{\max(\bar{x}_{ft\lambda},\ \bar{x}_{art\lambda})} \\ a_{7\lambda}=\dfrac{\min(\bar{x}_{dt\lambda},\ \bar{x}_{art\lambda})}{\max(\bar{x}_{dt\lambda},\ \bar{x}_{art\lambda})} \end{cases} \tag{6-13}$$

其中，$\bar{x}_{ft\lambda}$、$\bar{x}_{dt\lambda}$、$\bar{x}_{art\lambda}$均为标准化值，$\bar{x}_{ft\lambda}$、$\bar{x}_{dt\lambda}$、$\bar{x}_{art\lambda}\in[0,\ 1]$。

式（6－13）分别反映了国外技术引进、国内技术购买与技术消化吸收改造的匹配情况，即技术依赖方式的合理性。$a_{4\lambda}$或 $a_{5\lambda}$越大表示匹配程度越佳，则技术依赖方式更合理，风险越低。对于每组数据 λ 的共 n 个 $a_{4\lambda}$或 $a_{5\lambda}$，亦参照式（6－9）对［0，1］区间进行等量均分。查看表 6.2 可对技术依赖方式进行判定预警。

表 6.2　第 λ 组数据的技术依赖方式判定表

$a_{4\lambda}$、$a_{5\lambda}$	依赖方式定性	预警等级
0.8－1	合理依赖方式	1
0.6－0.8	较合理依赖方式	2
0.4－0.6	中性依赖方式	3

续表

$a_{4\lambda}$、$a_{5\lambda}$	依赖方式定性	预警等级
0.2－0.4	较不合理依赖方式	4
0－0.2	不合理依赖方式	5

根据表 6.1 和表 6.2，便可得技术封闭强度、国内外技术依赖强度和技术依赖方式的联合预警集 $\{a_{1\lambda},\ a_{2\lambda},\ a_{3\lambda},\ a_{4\lambda},\ a_{5\lambda}\}$，其中 $a_{1\lambda}$反映技术封闭风险，$a_{2\lambda}$反映国外技术依赖强度风险，$a_{3\lambda}$反映国内技术依赖强度风险，$a_{4\lambda}$反映国外技术依赖方式风险，$a_{5\lambda}$反映国内技术依赖方式风险。

（3）技术结构风险预警

技术结构的优劣可用国外技术引依赖强度同技术封闭强度的协同（同一）度（$a_{4\lambda}$）、国内技术购买依赖强度同技术封闭强度的协同（同一）度（$a_{5\lambda}$）表示，其具体形式为：

$$\begin{cases} a_{6\lambda} = \dfrac{\min\ (a_{1\lambda},\ a_{2\lambda})}{\max\ (a_{1\lambda},\ a_{2\lambda})} \\ a_{7\lambda} = \dfrac{\min\ (a_{1\lambda},\ a_{3\lambda})}{\max\ (a_{1\lambda},\ a_{3\lambda})} \end{cases} \tag{6-14}$$

式（6－14）反映了国外技术引进依赖强度、国内技术购买依赖强度与技术封闭强度的匹配情况，即技术结构的优劣。技术结构联系数的扩展方法同技术封闭（依赖）强度相同，在此不再赘述。此时 $a_{4\lambda}$或 $a_{5\lambda}$越大表明匹配程度越佳，则风险越小。同样，对于每组数据 λ 的共 n 个 $a_{6\lambda}$或 $a_{7\lambda}$，参照式（6－9）对［0，1］区间进行等量均分。查看表 6.3 可对技术依赖结构进行判定预警。

表 6.3　第 λ 组数据的技术结构判定表

$a_{6\lambda}$、$a_{7\lambda}$	技术结构定性	预警等级
0.8－1	优技术结构	1
0.6－0.8	较优技术结构	2
0.4－0.6	中等技术结构	3
0.2－0.4	较劣技术结构	4
0－0.2	劣技术结构	5

根据表 6.1、表 6.2 和表 6.3，可得技术封闭强度、国内外技术依赖强

度与技术结构的联合预警集 $\{a_{1\lambda}, a_{2\lambda}, a_{3\lambda}, a_{4\lambda}, a_{5\lambda}, a_{6\lambda}, a_{7\lambda}\}$，其中 $a_{1\lambda}$反映技术封闭风险，$a_{2\lambda}$反映国外技术依赖强度风险，$a_{3\lambda}$反映国内技术依赖强度风险，$a_{4\lambda}$反映国外技术依赖方式风险，$a_{5\lambda}$反映国内技术依赖方式风险，$a_{6\lambda}$反映“国外引进—自主研发”技术结构风险，$a_{7\lambda}$反映“国内购买—自主研发”技术结构风险。

6.2.2.2 偏联系数与技术风险演化

偏联系数是根据联系数联系分量的系统层级关系推导出的一种联系数的伴随函数，是刻画联系数发展趋势的重要工具函数[296]。为便于操作，首先将式（6-9）进行简化，弱化其隶属度的数学表示，再次使用 a、b、c、d、e 分别代表技术风险的依次降低，五元联系数可写为：

$$\mu_{\tilde{A}}(x)=a+bi+cj+dk+el \tag{6-15}$$

偏联系数和多元偏联系数已经被广泛应用于基础数学、医药卫生、城市规划等各个领域。为满足本研究需要，现给出五元偏联系数的各阶偏联系数基本形式。

五元联系数 $\mu_{\tilde{A}}(x)=a+bi+cj+dk+el$ 的一阶偏联系数为：

$$\partial\mu_{\tilde{A}}(x)=\partial a+i\partial b+j\partial c+k\partial d \tag{6-16}$$

其中，$\partial a=\dfrac{a}{a+b}$，$\partial b=\dfrac{b}{b+c}$，$\partial c=\dfrac{c}{c+d}$，$\partial d=\dfrac{d}{d+e}$。

二阶偏联系数为：

$$\partial^2\mu_{\tilde{A}}=\partial[\partial\mu_{\tilde{A}}(x)]=\partial^2 a+i\partial^2 b+j\partial^2 c \tag{6-17}$$

其中，$\partial^2 a=\dfrac{\partial a}{\partial a+\partial b}$，$\partial^2 b=\dfrac{\partial b}{\partial b+\partial c}$，$\partial^2 c=\dfrac{\partial c}{\partial c+\partial d}$。

三阶偏联系数为：

$$\partial^3\mu_{\tilde{A}}(x)=\partial^2[\partial^2\mu_{\tilde{A}}(x)]=\partial^3 a+i\partial^3 b \tag{6-18}$$

其中，$\partial^3 a=\dfrac{\partial^2 a}{\partial^2 a+\partial^2 b}$，$\partial^3 b=\dfrac{\partial^2 b}{\partial^2 b+\partial^2 c}$。

四阶偏联系数为：

$$\partial^4\mu_{\tilde{A}}(x)=\partial^3[\partial^3\mu_{\tilde{A}}(x)]=\partial^4 a \tag{6-19}$$

其中，$\partial^4 a=\dfrac{\partial^3 a}{\partial^3 a+\partial^3 b}$。

偏联系数能够描绘技术风险的发展趋势，实现对技术风险的演化测度。式（6－16）－（6－19）分别表示一个具体的联系数在当前状态中包含的一阶发展趋势、二阶发展趋势、三阶发展趋势与四阶发展趋势。以技术依赖为例，其一阶发展趋势的含义为：当前状态中的高（优、合理）依赖项 a，原本是处在较高（优、合理）依赖项 b 上，是从（$a+b$）中演化上升到高（优、合理）依赖项 a 这个层次上的，因此，分母为（$a+b$），分子为 a；类似地，当前较高（优、合理）依赖项 b，原本是处在中度（中等、中性）依赖项 c 上，是从（$b+c$）中演化上升到较高（优、合理）依赖项 b 这个层次上的，因此，分母为（$b+c$），分子为 c；其它情况依次类推。

6.2.2.3　集对势与技术风险排列

集对势又称联系势，反映两个集合的联系程度。集对势研究在集对分析发展中扮演了相当重要的角色，其在集对态势排列上的划分细致且合理。由于技术封闭（依赖）强度联系数、技术依赖方式联系数、技术结构联系数的基本形式均为五元联系数，其集对势的分析方法与五元联系数相同。因此，仅给出五元联系数的集对势定义：

在五元联系数 $\mu_{\tilde{A}}(x)=a+bi+cj+dk+el$ 中 $e\neq0$ 时，a 与 e 的比值为指定问题背景下的集对势，记为：$shi(H)=a/e$。

当 $a/e>1$ 时，为指定问题背景下的同势；当 $a/e=1$ 时，为指定问题背景下的均势；$a/e<1$ 时，为指定问题背景下的反势。根据 a、b、c、d、e 的大小关系，集对势级排列共有 243 种形式，剔除其中共 62 中逻辑关系不成立的形式，五元联系数的集对势共有 181 种形式。文献［297］已将五元联系数态势表给出[297]，文献［298］给出了三元联系数和四元联系数的态势排序表[298]。在进行技术风险预警时，技术封闭（依赖）强度联系数中的同势、均势、反势分别代表依赖风险的依次降低；技术依赖方式联系数和技术结构联系数中同势、均势、反势分别代表依赖风险的依次升高。在对技术封闭（依赖）强度进行预警的实际操作中，为便于操作，将态势表进行整体倒置，以达到势级越大风险预警级别越高的目的。通过分析技术封闭（依赖）强度、技术依赖方式、技术结构的联系数的 181 种态势，可实现对技术风险预警的排列。而继续计算各阶偏联系数，对各阶偏联系数的集对势分析排列，可确定技术风险的演化趋势。

至此，技术风险的预警机制构建完成。预警类型上，主要分为单组数据预警和整体预警；预警方法上，同一度、联系数、偏联系数、集对势的优势得到充分利用。具体而言，利用同一度对分组数据进行预警；利用联系数、偏联系数、集对势分别进行整体预警中的联系数提取、演化测度、预警风险排列。预警过程环环相扣，前阶段工作是后阶段工作的基础。技术预警的预警过程详见图 6. 3。

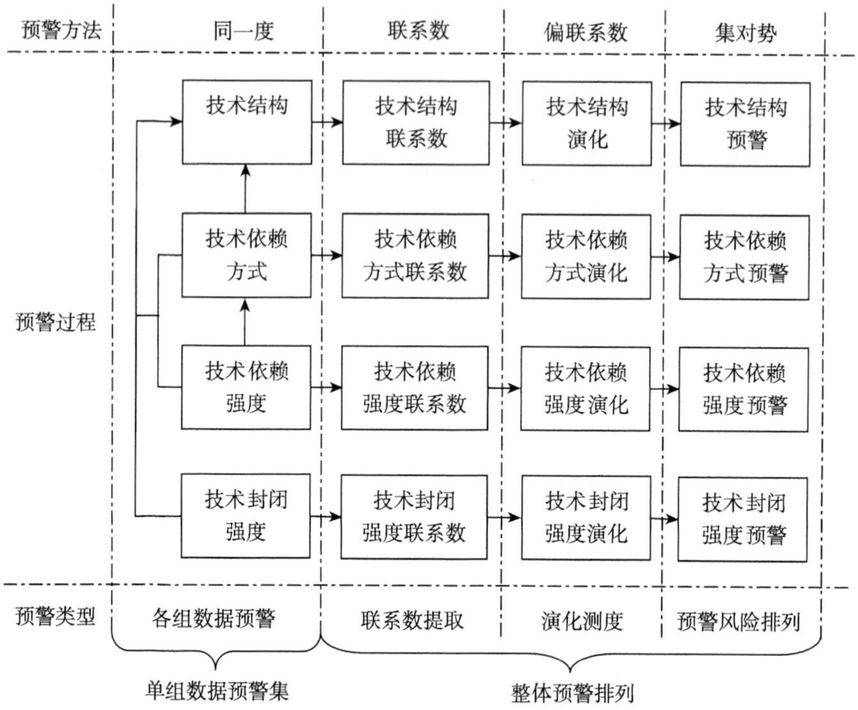

图 6. 3　技术风险的预警过程

6. 3　中国企业技术获取提升创新绩效的风险预警实证分析

6. 3. 1　指标选取与数据来源

各省份（直辖市、自治区）规模以上工业企业的三种主要的技术获取模式、外部技术的消化吸收和二次创新能力分别使用以下指标表示：

规模以上工业企业自主研发（ed）——试验发展经费支出；

规模以上工业企业国外技术引进（ft）——引进技术经费支出；

规模以上工业企业国内技术购买（dt）——购买国内技术经费支出；

规模以上工业企业外部技术的消化吸收和二次创新能力（art）——技术消化吸收经费支出与技术改造经费支出之和。

企业是重要的盈利性主体，为充分考虑企业从事技术创新活动的最终目的，即经济收益的实现，因此在企业阶段性创新绩效与创新绩效的最终形式中，与前述章节相同，仍选取创新绩效的最终形式衡量创新绩效，使用规模以上工业企业新产品产值表示。

规模以上工业企业创新绩效（y_{out}）——新产品产值。

数据均来源于《中国科技统计年鉴 2012》。

6.3.2　中国各省的企业技术风险预警

由式（6 - 12）（6 - 13）（6 - 14）计算各省份技术封闭（依赖）强度、技术依赖方式和技术结构的同一度（西藏大部分数据缺失，将其剔除），并对照表 6.1、表 6.2 和表 6.3 确定联合预警集。各省份技术依赖同一度及预警情况如表 6.4 所示。

表 6.4　各省份技术风险同一度及预警表

省份	$a_{1\lambda}$	预警	$a_{2\lambda}$	预警	$a_{3\lambda}$	预警	$a_{4\lambda}$	预警	$a_{5\lambda}$	预警	$a_{6\lambda}$	预警	$a_{7\lambda}$	预警
京	0.748	4	0.723	4	0.748	4	0.967	1	0.998	1	0.443	3	0.818	1
津	0.867	5	0.81	5	0.978	5	0.933	1	0.887	1	0.65	2	0.515	3
冀	0.79	4	0.837	5	0.221	2	0.944	1	0.28	4	0.41	3	0.452	3
晋	0.66	4	0.914	5	0.525	3	0.722	2	0.795	2	0.344	4	0.6	2
蒙	0.479	3	0.107	1	0.042	1	0.223	4	0.088	5	0.518	3	0.206	4
辽	0.669	4	0.663	4	0.262	2	0.99	1	0.391	4	0.383	4	0.452	3
吉	0.284	2	0.468	3	0.44	3	0.607	2	0.644	2	0.846	1	0.796	2
黑	0.418	3	0.618	4	0.825	5	0.676	2	0.507	3	0.573	3	0.292	4
沪	0.758	4	0.538	3	0.532	3	0.71	2	0.702	2	0.264	4	0.261	4

续表

省份	$a_{1\lambda}$	预警	$a_{2\lambda}$	预警	$a_{3\lambda}$	预警	$a_{4\lambda}$	预警	$a_{5\lambda}$	预警	$a_{6\lambda}$	预警	$a_{7\lambda}$	预警
苏	0.936	5	0.936	5	0.936	5	1	1	1	1	1	1	1	1
浙	0.727	4	0.321	2	0.76	4	0.441	3	0.956	1	0.616	2	0.685	2
皖	0.777	4	0.702	4	0.757	4	0.904	1	0.974	1	0.539	3	0.986	1
闽	0.982	5	0.467	3	0.476	3	0.475	3	0.485	3	0.344	4	0.35	4
赣	0.769	4	0.543	3	0.486	3	0.706	2	0.632	2	0.37	4	0.712	2
鲁	0.931	5	0.558	3	0.898	5	0.599	3	0.965	1	0.878	1	0.571	3
豫	0.752	4	0.63	4	0.539	3	0.839	1	0.717	2	0.463	3	0.733	2
鄂	0.945	5	0.527	3	0.552	3	0.557	3	0.584	3	0.778	2	0.815	1
湘	0.704	4	0.21	2	0.912	5	0.298	4	0.772	2	0.117	5	0.508	3
粤	0.986	5	0.786	4	0.351	2	0.797	2	0.356	4	0.348	4	0.779	2
桂	0.759	4	0.255	2	0.745	4	0.336	4	0.982	1	0.112	5	0.588	3
琼	0.665	4	0.073	1	0.766	4	0.109	5	0.868	1	0.339	4	0.164	5
渝	0.466	3	0.858	5	0.976	5	0.543	3	0.477	3	0.394	4	0.47	3
川	0.788	4	0.45	3	0.967	5	0.571	3	0.815	1	0.161	5	0.369	4
黔	0.468	3	0.106	1	0.392	2	0.227	4	0.839	1	0.059	5	0.218	4
滇	0.809	5	0.565	3	0.089	1	0.698	2	0.11	5	0.485	3	0.324	4
陕	0.755	4	0.704	4	0.818	5	0.933	1	0.923	1	0.817	1	0.471	3
甘	0.769	4	0.47	3	0.2	2	0.612	2	0.26	4	0.943	1	0.45	3
青	0.064	1	0.854	5	0.368	2	0.075	5	0.173	5	0.11	5	0.255	4
宁	0.811	5	0.393	2	0.432	3	0.485	3	0.532	3	0.508	3	0.463	3
新	0.824	5	0.47	3	0.411	3	0.57	3	0.499	3	0.226	4	0.855	1

由表6.4可知，以北京市规模以上工业企业为例，其技术风险的联合预警集为｛0.748，0.723，0.748，0.967，0.998，0.443，0.818｝。由此可见，北京市企业技术封闭强度风险预警等级、国外技术依赖强度风险预警等级和国内技术依赖强度风险预警等级均为4级，但国内外技术依赖方式预警等级均为1级，“国外引进——自主研发”技术结构风险为3级，“国内购买——自主研发”技术结构风险为1级。北京市规模以上工业企业实现了技术源的多样化，同时依靠内部技术自主研发和外部技术获取对创新绩效实现高贡献，在对外部技术进行引进的同时，具有完善的技术的

消化吸收再创新过程，技术风险不大。其他省、市、自治区的企业技术风险联合预警方法相同。

6.3.3　技术依赖风险联系数及其演化趋势测度

根据表 6.4 计算的各省（自治区、直辖市）企业各类技术风险同一度，依照表 6.1、表 6.2 与表 6.3 的技术风险预警等级完成模糊隶属（同一）度的联系数化改进。以企业国外技术依赖强度为例，30 个省（直辖市、自治区）企业中，国外技术依赖强度中高依赖强度共 6 省，高依赖强度分量为 6/30 = 0.2；较高依赖强度共 7 省，较高依赖强度分量为 7/30 = 0.23；中度依赖强度 10 省，中度依赖强度分量为 10/30 = 0.33；较低依赖强度共 4 省，较低依赖强度分量为 4/30 = 0.13；低依赖强度共 3 省，低依赖强度分量为 3/30 = 0.1。故国外引进技术依赖强度的联系数为：$0.2 + 0.23i + 0.33j + 0.13k + 0.1l$。其他各类技术风险的联系数提取方式与国外及时依赖强度相同，技术风险联系数见表 6.5。

表 6.5　技术风险联系数

技术风险类型	联系数形式
技术封闭强度	$0.3 + 0.5i + 0.13j + 0.03k + 0.03l$
国外技术依赖强度	$0.2 + 0.23i + 0.33j + 0.13k + 0.1l$
国内技术依赖强度	$0.27 + 0.17i + 0.3j + 0.17k + 0.1l$
国外技术依赖方式	$0.17 + 0.1i + 0.27j + 0.3k + 0.17l$
国内技术依赖方式	$0.17 + 0.17i + 0.37j + 0.27k + 0.03l$
“国外引进——自主研发”技术结构	$0.27 + 0.27i + 0.27j + 0.13k + 0.07l$
“国内购买——自主研发”技术结构	$0.37 + 0.2i + 0.2j + 0.13k + 0.1l$

由表 6.5 可知，除国外技术依赖方式为均势（$shi(H) = a/e = 1$）外，其他 5 中技术依赖都为同势（$shi(H) = a/e > 1$）。通过查询文献［296］给出的五元联系数态势表，可知技术封闭强度为 51 级（同势），国外技术依赖强度为 61 级（同势），国内技术依赖强度为 19 级（同势），国外技术依赖方式为 82 级（均势），国内技术依赖方式为 42 级（同势），“国外引进——自主研发”技术结构为 37 级（同势），“国内购买——自主研发”技术结构为 10 级（同势）。在对技术封闭（依赖）的五元联系数态

势表进行整体倒置后，可得各类技术风险预警等级：技术封闭强度预警为131级，国外技术依赖强度预警为121级，国内技术依赖强度预警为163级，国外技术依赖方式预警为82级，国内技术依赖方式预警为42级，“国外引进——自主研发”技术结构预警为37级，“国内购买——自主研发”技术结构预警为10级。

第一，虽然企业外部技术依赖强度较大，特别是对国内购买技术的依赖强度预警已达到163级，但技术结构相对合理，尤其是国内购买技术结构预警仅为10级；表明企业在获取外部技术的同时亦重视自主研发，实现了企业内部技术与外部技术贡献的基本协调。

第二，中国企业技术依赖的风险主要存在于国外引进技术依赖方式上，即机械依赖的情况存在，对国外引进技术的消化吸收和二次创新能力略显不足，中国企业需进一步加强对国外先进技术的消化吸收，实现创造性依赖。

为探索中国企业技术依赖的发展趋势，以表6.5为基础，根据式（6-16）（6-17）（6-18）（6-19）进一步计算技术风险的偏联系数，以实现对技术依赖的演化测度。计算结果见表6.6。

表6.6 技术风险偏联系数

技术风险类型	偏联系数			
	一阶	二阶	三阶	四阶
技术封闭强度	$0.38+0.79i+0.81j+0.5k$	$0.32+0.49i+0.62j$	$0.4+0.44i$	0.48
国外技术依赖强度	$0.46+0.41i+0.71j+0.57k$	$0.53+0.37i+0.56j$	$0.5+0.4i$	0.6
国内技术依赖强度	$0.62+0.36i+0.64j+0.63k$	$0.64+0.36i+0.51j$	$0.64+0.41i$	0.61
国外技术依赖方式	$0.63+0.27i+0.47j+0.64k$	$0.7+0.37i+0.42j$	$0.65+0.47i$	0.59
国内技术依赖方式	$0.5+0.31i+0.58j+0.89k$	$0.61+0.35i+0.39j$	$0.64+0.47i$	0.58
“国外引进——自主研发”技术结构	$0.5+0.5i+0.67j+0.67k$	$0.5+0.43i+0.5j$	$0.54+0.46i$	0.54
“国内购买——自主研发”技术结构	$0.65+0.5i+0.6j+0.57k$	$0.56+0.45i+0.51j$	$0.53+0.47i$	0.54

一阶偏联系数中，技术封闭强度、国内外技术依赖强度、国内外技术依赖方式、“国外引进——自主研发”技术结构均处于反势；只有“国内

购买——自主研发”技术结构处于同势。因此技术风险的一阶演化预警情况为：技术封闭强度风险、国内外技术依赖强度风险、“国内购买——自主研发”技术结构风险存在一阶下降趋势；“国外引进——自主研发”技术结构风险、国内外技术依赖方式风险存在一阶上升趋势。

二阶偏联系数中，国内技术依赖强度、国内外技术依赖方式、“国内购买——自主研发”技术结构处于同势；技术封闭强度、国外技术依赖强度处于反势；而“国外引进——自主研发”技术结构处于均势。因此技术风险的二阶演化预警情况为：技术封闭强度风险、国外技术依赖强度风险、国内技术依赖方式风险、“国内购买——自主研发”技术结构风险存在二阶下降趋势；国内技术依赖强度风险存在二阶上升趋势；国外引进——自主研发”技术结构风险存在二阶制衡趋势。

三阶偏联系数中，除技术封闭强度外，不确定势均大于1。技术风险的三阶演化预警情况为：国内外技术依赖强度风险存在三阶上升趋势；其他技术风险存在三阶下降趋势。

四阶偏联系数中，除技术封闭强度外，偏联系数均大于0.5，即$a>b$，同势大于不确定势。技术依赖的四阶演化预警情况为：国内外技术依赖强度风险存在四阶上升趋势；其他技术风险存在四阶下降趋势。

尽管技术风险演化趋势波动较大，但仍可从中归纳出以下两点重要预警信息：

（1）中国企业外部技术依赖风险在技术直接获取阶段可控。虽然中国企业对外部技术的依赖强度很大，且各阶上升趋势较明显，但技术依赖结构风险绝大部分存在下降趋势。外部技术并没有对企业自身自主研发产生持续性挤出效应。大部分企业在外部技术引进或购买的同时，能够对技术的自主研发进行持续、长期的投入，力求对外部技术依赖实现制衡。

（2）中国企业外部技术依赖风险在技术内化与二次创新阶段凸显。不论是国外技术依赖方式还是国内技术依赖风险演化趋势的波动都较大，各阶技术引进、购买和技术消化吸收改造一直在匹配与否间徘徊。企业在对外部技术获取后的技术内化没有实现持续跟进，外部技术的创造性依赖演化趋势不存在，外部技术依赖方式有待进一步合理化。

6.4 本章小结

本章研究了企业技术获取提升创新绩效机制中的输出与反馈问题。首先，本章对企业技术获取提升创新绩效的风险进行了识别。识别出的主要风险包括：技术封闭风险、技术依赖风险（包括技术依赖强度风险和技术依赖方式风险）、技术结构风险。其中技术封闭风险与技术依赖风险为原发行风险，技术结构风险为次生风险。以此为基础，分析企业技术获取提升创新绩效的过程中存在的技术风险演化，并对风险演化进行识别。其次，完成技术风险识别后，利用五元联系数在风险预警中的特性优势，将模糊集理论和集对分析方法运用到企业技术获取提升创新绩效的风险预警中。利用同一度对分组数据进行预警；利用联系数、偏联系数、集对势分别进行整体预警中的联系数提取、演化测度、预警风险排列。最后，使用中国规模以上工业企业数据对中国企业技术获取提升创新绩效的风险进行预警，发现了两点重要的预警信息：一是中国企业外部技术依赖风险在技术直接获取阶段可控，二是中国企业外部技术依赖风险在技术内化阶段凸显。

第 7 章　中国企业技术获取提升创新绩效机制实现的保障措施

本章将在第 2 章构建的企业技术获取提升创新绩效机制和第 3 章至第 6 章针对企业技术获取提升创新绩效的技术源选择、技术源协同、路径传导、风险预警分别进行的针对性分析的基础上，对中国企业技术获取提升创新绩效机制的实现提出针对性保障措施。分析框架见图 7.1。

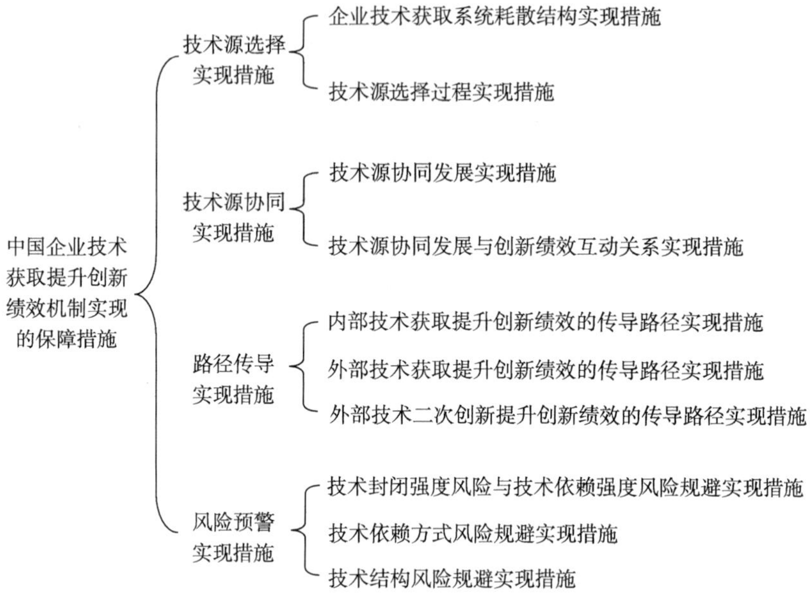

图 7.1　机制实现的保障措施分析框架

7.1　技术源选择实现的保障措施

7.1.1　企业技术获取系统耗散结构实现的保障措施

企业技术获取系统耗散结构的实现是企业完成技术源选择的基础，也是企业技术获取提升创新绩效机制得以实现的前提。实现中国企业技术获取系统耗散结构，要求企业制定外向型技术战略，积极参与到国内外技术竞争中，通过技术的互通有无和内外部技术整合，提升自身技术水平，并应用到生产实践中；实现企业技术获取系统开放性、远离平衡态、非线性机制和随机涨落现象这四个特征。

1. 通过开放企业组织边界实现与外部环境的广泛、深入交流

企业技术获取系统耗散结构的实现要求企业将其组织边界对外部环境开放，这种开放包括：

（1）针对市场环境的开放。实现经济利益是企业从事生产经营活动及技术创新活动的最终目的，因此中国企业在进行技术获取活动时必须针对市场环境进行组织边界开放，这包括对市场需求的充分了解和积极参与市场竞争。在我国企业对市场需求进行了解时，首先需关注国家或区域宏观经济发展状况，从中洞悉消费结构的更新与升级信息。其次是了解技术的消费者偏好与消费水平，完成技术接受方市场调研与细分。最后是掌握互补技术与替代技术的市场情况，以便对技术结构进行优化升级。在对技术市场需求具有充分了解的基础上，确定目标市场，进行针对性技术获取和差别定价，并积极参与到市场竞争中。在企业参与市场竞争时，首先应明确自身与竞争对手的情况，区分技术领导企业与技术跟随企业。其次是根据自身所处的市场竞争位置，制定差异化的技术战略。对技术领导企业而言，应在保证技术优势的同时进一步扩充市场占有率并扩大技术需求量；发展中国家的技术领先企业更应参与到激烈的国际竞争中。对技术跟随企业而言，应在技术的模仿创新中逐步加强自主创新能力，或是选择优势技术领域进行重点突破，或是开发新兴进行技术市场进行互补性技术研发、获取。

（2）针对政策环境的开放。企业对市场环境开放组织边界能够帮助其在技术获取时面向用户需求，但并不足以满足企业技术获取系统实现良好的开放性特征。这首先是因为由于企业类型、行业和规模的差异使得市场机制在调解企业技术创新活动时存在缺陷，例如在企业规模上，中小企业在资金、人才、信息等方面较之大型企业存在劣势，中小企业技术创新处于不平等的竞争地位；其次是出于国际竞争的需要或国家安全的考虑，政府在进行科技创新战略布局时，会对特殊行业，如石化、兵器、军工等产业的核心技术进行针对性控制与保护。因此，企业需将组织边界针对政策环境进行开放，重视政府的作用。主要包括：理解政策导向和利用政府直接（间接）资助。在企业进行技术获取活动时，应将集中优势技术力量，

获取与企业相关领域内国家重点支持发展的关键技术，利用由政府行政管理部门、审议机构和民间非官方组织构成咨询服务机构，充分洞悉政策意图，理解政策导向。同时，在自身财力有限的前提下，利用政府财政、税收和金融优惠政策，如 R&D 补贴、财政担保、贷款贴息政策、减免税率政策、风险投资政策等。

（3）针对物质信息资源环境的开放。在对市场环境和政策环境进行开放的基础上，企业已对用户信息和高层意图均有充分了解，此时企业可有的放矢的对物质信息资源环境开放组织边界，补充人才、资金和信息，进行知识技术交流。这也是企业技术获取系统开放性得以实现的核心与关键。针对物质信息资源环境的开放既包括相对显性的人才吸引，资金补充和信息获得，也包括相对隐性的知识转移和技术交流。为实现自身技术水平的不断提升，企业通过人才引进、培养等方式获得技术人才与团队，完善系统的人才结构，使系统充满生机与活力；通过产品、工艺与服务的销售，不断扩展融资渠道获取进一步进行技术获取的资金保证；通过多渠道搜集信息并进行分析，进行知识转移与技术交流，了解国内外技术格局与发展前景，进而制定技术发展战略。

（4）针对文化环境的开放。企业文化集中展现企业经营管理的核心主张，以及由此产生的组织行为。固步自封、墨守成规的企业文化不可能催生一个积极向上，锐意进取的创新型企业产生与发展。要实现企业技术获取系统耗散结构的开放性，企业也需开放组织文化边界，与持有先进技术的创新型企业在企业文化领域互通有无，博采众长。尤其是企业家精神，企业领导的开拓意识，技术团队的外向度将很大程度上影响企业技术获取战略的制定和具体决策的实施，因此企业文化环境的开放是企业技术获取系统耗散性实现的必要因素。只有持续借鉴和吸收其他先进企业的优秀文化，才能使企业技术获取系统有序度不断增加。

2. 在知识经济快速发展的时代背景下树立中国企业技术危机意识

经济利益是市场经济中企业从事技术创新活动的最终目的，但经济利益的实现易于让企业，尤其是企业领导者忽视对技术的重视和对企业长远发展的规划，造成技术创新活动停滞和技术获取活动消失，导致企业技术获取系统进入平衡态。因此中国企业必须树立技术危机意识。由技术危机意识导致企业进行的一系列技术获取行为和技术赶超现象是企业技术获取系统长期处于非平衡态的重要原因，也是系统存在非线性机制和随机涨落的根源所在。不同的企业按照其技术水平发展和在技术竞争中所处位置的差距，对技术危机意识的理解和做出的选择也不尽相同：

（1）技术领导企业的技术危机意识。对于技术领导企业而言，技术危机意识主要是指其领导者的地位危机意识。技术领导企业在技术创新活动中为了保证其领导地位，必须在现有技术水平基础上，持续开展新的技术研发活动，进一步提升自己技术水平，防止被其他竞争对手实现技术赶超。同时，技术领导企业也需开展外部技术交流：一是通过广泛的国际技术交流了解国际技术发展情况，吸收引进国际先进技术；二是通过国内技术交流了解技术跟随企业技术水平发展情况，对国内竞争对手的技术追赶态势实时监控，设置技术障碍，保护领导地位。

（2）技术跟随企业的技术危机意识。对于技术跟随企业而言，树立技术危机意识更为重要。技术跟随企业的技术危机意识是实现其自身技术发展和赶超的必备要素。技术跟随企业的技术危机意识是技术的前瞻意识，这种前瞻性体现在对自身技术水平的前瞻和竞争位置的前瞻。相对于技术领导企业，技术跟随企业的技术危机意识更为强烈。技术危机意识帮助技术跟随企业提升技术水平，缩小与技术领导企业间的技术势差，也为其提供了追赶和超越技术领导企业的可能。

3. 完善企业内外部技术获取的激励机制

企业内外部技术获取完整激励机制的建立能够激发技术人员和技术团队的技术获取动机，激发他们的工作热情。通过企业内外部技术获取机制的建立，在激发技术人员和技术团队进行技术获取行为的同时，实现了企业针对特定环境所进行的技术交流，带来了由技术势差引起的技术流动和企业技术获取系统的随机涨落。可选择的激励方式有目标激励、奖惩激励、榜样激励等。

（1）目标激励。企业为技术团队设定技术获取目标，以目标为诱因引到技术团队开展技术获取行为。在目标激励中将企业利益与个人利益相结合，尽最大可能使两者利益一致或相近。这样可保证企业技术获取活动中技术人员和技术团队的个人需求得到满足，自发地实行技术获取行为，从而实现企业技术获取的既定目标；同时能够展现技术人员和技术团队的重要地位与作用，体现其存在价值；还能够让员工或团队在实现技术获取目标时完成自身技术水平的提升，利于发挥技术人员或团队的最大潜能。

（2）奖惩激励。企业以奖励或惩罚手段为诱因，驱使技术人员或技术团队开展切实有效的技术获取行为。可分为奖励激励与惩罚激励，两者又均包含物质与精神两个方面。企业对技术人员或团队的奖惩激励应联合实施，做到奖优惩劣、赏罚分明。企业实行奖惩激励首先应制定完善的技术获取职责目标与行为规范，对行之有效的技术获取行为和取得的技术获取成绩进行奖励，对不作为的技术获取行为或未达目标的技术获取活动进行惩罚。

（3）榜样激励。企业通过树立典型，表彰先进，对技术人员或技术团队的技术获取行为产生的激励。通过树立技术研发榜样个人或团队激励企业技术部门开展内部技术学习与追赶，提升企业内部技术研发能力。通过树立外部技术获取榜样，尤其是外部技术二次创新榜样个人或团队激励企业技术部门开展对外部技术的消化、吸收和二次创新。实行动态榜样激励机制，鼓励每一位技术人员和每一个技术团队成为下一期的先进典型。加大对榜样的宣传力度，并给予升职加薪等相关奖励。

7.1.2　技术源选择过程实现的保障措施

企业技术获取提升创新绩效的技术源选择过程是一个不确定性复杂多阶段决策过程，具有备选技术源多样性、技术环境复杂性、决策方案不确定性等特征。备选技术源多样性是指可供企业选择的技术源较多，如自身内部技术源、学研方外部技术源、以技术领先企业为代表的外部技术源等。技术环境复杂性是指企业面临技术生命周期、技术需求迫切性、技术风险等复杂多变的技术信息抽取。决策方案不确定性是指企业在分析备选技术源和了解技术环境后，可进行的决策组合较多，如选择单一技术获取模式，选择内外部技术获取模式相结合的技术获取方案组合等。因此企业技术源选择过程的实现需分阶段逐步实施，以降低选择的复杂性和不确定性。

1. 准确感知技术环境并捕捉技术信息

准确感知技术环境并捕捉技术信息是企业技术源选择的必要准备，在对技术信息进行充分了解分析的基础上做出的技术源选择决策能够最大限度的保证技术源选择的成功。准确感知技术环境和捕捉技术信息主要包括对自身技术资源进行预见性评估和对技术市场环境进行详细调研。

（1）对自身技术资源进行预见性评估。企业在进行技术选择前必须首先对自身技术资源进行预见性评估。我国企业需对自身行业领域进行清晰定位，对技术团队人员配备和技术水平具有客观准确的判断，对 R&D 内部资金支出和技术购买与引进经费支出制定详细预算，并能够明确制约其技术水平发展的关键瓶颈，预见其在技术获取活动中所能承担的最大风险。对自身技术资源进行预见性评估能够为企业进行针对性技术获取提供有效的信息支持。

（2）对技术市场环境进行详细调研。企业在完成对自身技术资源的预见性评估后，还需对技术市场环境进行详细调研。一是掌握市场技术需求，避免技术获取后技术商业化与市场化的缺失；二是分析竞争对手情况，选择自身优势领域开展集中研发；三是了解企业技术源情况，对技术源数量、分布、结构、技术水平、技术成本和合作意愿等进行分析。对技术市场环境进行调研能够帮助企业在技术源选择中规避技术风险和避免逆向选择行为的出现。首先，企业具有资金优势并掌握丰富的市场信息，但在进行外部技术获取时，与学研方相比，缺失对技术的深入了解；在经过详细的技术市场环境调研后，企业了解了学研方的技术信息，弥补了自身信息方面的缺失，可以规避信息不对称风险。其次，由于在产学研合作中，企业处于对技术的需求一般会为学研方技术源提供一定的物质资金支持，以保障其基础研究的开展，企业在技术源选择中占主导地位。但部分学研方为了筹集更多的科研经费，会利用产、学研方的信息不对称采取欺瞒夸大等手段，博得企业的技术物质资金支持，成为实际企业技术源选择中的主导者，主导逆向选择行为。而在企业对技术市场环境进行详细调研的前提下，技术信息不对称的情况可以得到缓解，自然也就会避免次生的逆向选择行为出现。

2. 增强企业官产学研合作意识，完善官产学研合作技术创新制度

由于企业技术获取提升创新绩效的技术源多为学研方，因此在技术获取中开展广泛的产学研合作显得尤为必要；同时，企业技术获取活动的开展又时刻受到政策的引导与支撑，因此提高企业官产学研合作意识，完善官产学研合作技术创新制度是保障企业技术源选择过程实现的重要环节。

（1）准确理解政策并利用政策开展官产学研合作技术创新活动。企业

技术获取提升创新绩效的技术源选择过程离不开政府政策支持，这是由于中国目前科技成果转化率仍较发达国家有一定差距，企业与学研方的开放程度仍有待进一步提升，保障产学研合作关系长期存在并取得长远发展需要借助政府力量。企业可以政府组建的共建经济体、科技孵化器和科技化产业基地等为依托，争取政策扶持或项目支持，主动向政府反映技术需求，表达谋求技术合作的意愿，进驻科技园区与高新示范区，在市场经济条件下，以政府为桥梁，与学研方开展广发深入的技术合作，完成自身技术获取既定目标。

（2）在官产学研合作中实现技术获取模式多样化。在经济化和知识经济、市场经济的时代背景下，企业应尽量避免技术获取模式过于单一，通过官产学研合作实现技术获取模式多样化，如内部技术研发与引进国外技术相结合，内部技术研发与购买产品与服务相结合，内部技术研发与研发外包、技术购买相结合等。一是技术获取模式多样化提升了企业获取技术的成功性；二是技术获取模式多样化能够最大限度分担技术风险，甚至在任一技术获取模式成功的前提下允许部分技术获取模式的失败。

（3）企业在官产学研合作中建立完善的实时监控和动态预警系统。不论企业选择何种技术源进行技术获取活动都需承担一定的风险，为避免技术获取活动的失败和由此给企业带来的技术、经济损失，企业应在官产学研合作中建立完善的实时监控和动态预警系统，具体包括监控内部技术源技术研发进程，监控外部技术源的技术研发进程，监控外部技术源的学术不端和欺瞒行为，事先准备技术获取失败预案，制定外部技术源合作终止判断标准等。

7.2 技术源协同实现的保障措施

7.2.1 官产学研视角下技术源协同发展实现的保障措施

1. 企业在实现技术源协同发展中应秉承的几个原则

需求互补原则。企业在技术获取活动中选择与外部技术源进行合作，是出于对先进技术的需求与自身研发能力不能满足这种需求的矛盾。企业在技术获取中的需求是对技术的需求，而学研方的需求是开展技术研发活动的资金需求，同时，产学研各方又都存在技术的商业化和市场化需求。因此，企业在实现技术源协同发展中应秉持需求互补原则，实现各取所需。

能力互补原则。企业与外部技术源的优势能力分布不同。企业具有经济实力，同时更为贴近市场需求；而学研方的优势在于技术研发，尤其是基础研究。因此，企业在实现技术源协同发展中应秉承能力互补原则，在技术获取中取长补短，利用学研方的研发优势，尤其是技术研究优势弥补自身的技术能力水平不足，同时给予学研方一定的资金支持，帮助其开展科学研究活动，做到各持所长。

互利共赢原则。互利共赢是市场经济条件下开展经济活动的基本价值观，也是合作创新、协同创新得以实现的基础。企业要实现与技术源长期稳定的技术合作，需秉承互利共赢原则，在技术获取过程中与技术源共同承担研发成本，分担技术风险，共享经济利益，坚决抵制道德风险和不诚信行为，达到各有所赢、互有所利。

2. 对企业技术获取结构进行优化升级

企业要通过多渠道获取技术，同时认识到各技术获取模式的共性及差异，对技术获取结构进行优化升级，在保证内部技术研发核心地位的基础上，开展国内技术交流，并合理利用国外先进技术。

（1）保证内部技术研发的核心地位。经济全球化背景下，国内外经济技术交流更为密切，产业更新换代速度加快，中国企业要在激励的国际竞争中占有一席之地就必须提高本国企业的技术创新能力。相对外部技术引进，进行技术的内部自主研发是提升中国技术创新能力的根本所在，内部技术研发应在企业技术获取结构中占核心地位。实现企业保证内部技术研发的核心地位首先要保证充足的人力和财力投入，通过优惠政策吸引技术人才，组建技术团队，设立独立研发机构，并保证研发支出。其次要加强企业内部技术研发的积极性，创造企业自主研发的驱动力，采取完善知识产权保护和税收补贴等方式，鼓励企业开展内部技术研发。最后要着力加强企业的原始创新能力，争取在基础研究和高技术研究领域取得独有的发现或发明，形成企业的核心技术，同时在创新产品市场化过程中取得先发优势，这是中国企业参与国际竞争必不可少的强有力支撑。

（2）充分开展国内技术交流。企业对国内同行业或相关领域企业及学研方开放组织边界，开展国内技术交流是对内部技术研发的有效补充。相对内部技术研发，国内技术交流能够解决企业一定的技术约束，缩短研发周期并分担部分技术风险；而相对国外技术引进，国内技术交流的难度较小，成本也较低，操作更为方便。对中国跟随企业而言，选择国内技术交流获取外部技术，避免了技术势差的大幅跨越，降低了技术消化和吸收和二次创新的难度，使外部技术获取循序渐进；对领导企业而言，进行国内技术交流，可以帮助其掌握了国内相关行业和领域的技术动态，了解跟随企业的技术发展状况，对领导企业的技术危机意识具有警醒作用；对一国宏观经济发展而言，国内技术交流有利于缩小区域间技术差距，缓和经济和技术发展的不平衡状况，是国家宏观调控的重要工具。

（3）合理利用国外先进技术。对发展中国家而言，国际技术交流是实现技术赶超和发挥后发优势的关键步骤。但发展中国家利用国外先进技术很容易走入“引进→技术差距暂时缩小→技术水平停滞→差距再次拉大→再次引进”的误区。因此需为企业外部技术获取，尤其是国外技术获取制定中长期的战略规划。这首先需要国家在对外招商引资时为境外创新型企业提供良好的政策环境，开放技术市场准入，完善创新工业园区和高新技术园区建设，为实现 FDI 的技术外溢创造有利条件；其次企业自身须规范技术获取行为，避免盲目的技术引进，特别是简单的模仿创新，将技术引进的战略规划拓展到外部技术的消化吸收和二次创新过程。

3. 制定合理完善的利益分配准则并严格遵守

要实现企业技术获取的技术源协同发展就必须在实现企业自身技术利益和经济利益的同时也保证技术源相关利益的实现，互利共赢的合作模式是企业技术获取的技术源协同发展得以实现并长期存在的价值基础。为此，企业作为技术源选择的主导主体，应主导制定合理完善的利益分配准则并严格遵守，这贯穿于技术合作的整个过程。在企业完成技术源选择，确立初步技术合作关系后，各方就应安排专门人员，设立相应机构，完成利益分配准则的制定，形成制度化文件，对因技术产生的收益分配进行细致明确的规定，对合作风险、技术风险、市场风险及所有可预料的次生风险进行预警。在技术获取过程中和结束后严格按照利益分配准则进行利益分配，对学术不端、欺诈行为和不诚信行为的出现做出应急预案，一旦出现这种行为则严格按照预案规定进行相应警告、惩罚或终止合作。

7.2.2　技术源协同发展与企业创新绩效互动关系实现的保障措施

企业需在实现技术源协同发展的基础上提升自身创新绩效，提升技术水平和实现经济利益，实现技术商业化和市场化，这就要求企业对内外部技术进行整合，形成内外部技术合力，同时尤其重视对外部技术的消化吸收与二次创新，面向用户需求，同时了解并利用技术市场。

1. 提升企业技术整合和外部技术二次创新能力

（1）设立独立的外部技术消化吸收机构或组建独立的外部技术学习团队。中国企业在改革开放后进行了外部技术获取的诸多有益尝试，经济开放程度进一步提高，但在进行外部技术获取时，仍欠缺内外部技术整合能力，尤其是外部技术的二次创新能力，这也就造成了企业虽从外部获取了先进技术，实现了技术源协同发展，但这种协同并不能够长期稳定的提升创新绩效，带来技术的进步与革新。因此对外部技术的消化吸收，实现外部技术内化，实现外部技术为我所用，在外部技术获取中逐步提升技术的自主研发能力提升，提升技术水平是当务之急。提升企业技术整合和外部技术二次创新能力需设立独立的外部技术消化吸收机构并组建独立的外部技术学习团队，这包括两个关键步骤：进行技术人才培养或引进，建设具有独立工作能力的技术二次创新团队。

在技术人才培养与引进上，首先需营造满足技术人才成长的政策环境、人文环境和学术环境。通过政策导向满足技术人才成长需求，加大技术人才资本支出；通过企业文化建设，树立进取、创新和竞争意识，尊重人才，鼓励创新；通过技术交流，营造良好的学术环境，使技术人员在工作和学习中持续提升自身技术水平。其次是对在职技术人员开展定期培训与教育，这是企业进行技术人才培养的主要方式，也是保证企业技术创新活力的重要方式。企业可通过与学研方进行人才培养合作，通过项目、讲座或在职攻读学位等方式，培养能为企业所用的专业技术人才。最后还需通过人才激励避免培养人才和引进人才的流失。人才是技术的载体，也是技术的内外部技术整合及外部技术二次创新的主体，因此企业提升技术整合和外部技术二次创新能力必须以一定数量的技术人才保有量为基础，避免人才流失。所以企业在人才激励中应建立与技术贡献相关的人才利益分配机制，保证技术人才的经济收益，同时通过感情激励、升职激励体现技术人才的自身价值，满足其自我价值实现的主观情感归属。

在团队建设上，技术领导企业和绝大部分技术跟随企业均设有从事技术研发活动的专业技术团队。但对于进行外部技术获取的技术跟随企业而言，还应在现有技术团队的基础上，根据自身获取的外部技术，组建独立的外部技术学习团队，专门负责对外部技术的消化吸收和改造工作，完成外部技术的二次创新，为技术自主研发团队提供新的技术来源，注入新的技术思想。在技术团队建设中，必须重视外部技术学习团队的重要作用，赋予其与技术研发团队同等的地位，并给予同等待遇。对外部技术学习团队的建设也应坚持梯队建设，组建由老中青三代技术人员组成的外部技术学习团队，保证技术学习的持续性与创造性。

（2）加大企业外部技术消化吸收和改造经费支出。提升企业技术整合和外部技术二次创新能力首先是拥有技术人员和技术团队的支持，其次就是要保障充足的经费支出。在拥有人力资本储备的基础上，加大企业外部技术消化吸收和改造经费支出，为研究人员提供技术学习的资金保障，能够帮助企业在技术二次创新的过程中取得突破性的进展。对企业外部技术消化吸收和改造经费支出也需针对不同的外部技术类型制定差异化预算，主要保障对体现性技术的消化吸收和改造经费支出，这是由于相对于非体现性技术，体现性技术的二次创新更为困难，企业需要投入大量人力、财力对体现性技术中的非编码隐性化知识进行显化，然后在对显化知识进行学习与掌握。同时，加大企业外部技术消化吸收和改造经费支出还必须保证资金的使用效率，实现专款专用，避免资金的不必要浪费。

2. 提升技术商业化和市场化能力

经对中国企业技术获取与不同类型的创新绩效关系检验，发现中国企业技术价值循环中仍欠缺技术商业化这一重要环节。这一重要环节的缺失也就造成了中国企业技术获取经费的来源自给自足的缺失，即在新一轮技术获取活动中对各技术源的经费支出并不是源自于上一轮技术获取带来的经济收益，而是源于企业开展其他生产经营活动取得的经济利益。因此提升中国企业在技术获取活动中的技术商业化和市场化能力是现阶段需解决的重点问题。准确辨别技术的商业化和市场化能力有利于减少企业研发活动和技术商业化的盲目性，同时提高企业资源的使用效率。提升技术商业化和市场化能力可从以下两个方面入手：一是使企业更加重视市场的导向和驱动作用；二是充分利用科技中介机构和技术市场。

企业为避免技术获取活动结束后技术不能实现充分市场化和商业化的情况，应在技术获取互动开始之前就注重市场的导向和驱动作用，明确其技术获取的最终目的就是实现技术的商业化和市场化，将技术获取的技术源选择视角面向用户开放，选择具有商业化前景的技术进行获取项目，而不是仅仅根据自身需求进行机械性获取。在技术商业化和市场化的过程中，要充分利用科技中介组织，同时加深对技术市场的了解，利用科技中介组织的职能定位、技术资源和用户资源，借助科技中介组织完成对企业自身而言相对困难的工作任务，实现优势互补，共同发展。

7.3　路径传导实现的保障措施

7.3.1　内部技术获取提升创新绩效传导路径实现的保障措施

1. 通过内部技术获取实现企业技术进步，首先保证路径节点的存在与发展

经检验发现中国东、中、西部地区企业技术进步在内部技术获取和创新绩效关系中的中介效应均不显著，三大地区企业“自主研发→技术进步→创新绩效”的传导路径缺失。但进一步分析发现各区域企业“自主研发→技术进步→创新绩效”传导路径缺失的内在原因不同：东部与西部地区是在实现企业“自主研发→技术进步”子路径的前提下，缺失了企业“自主研发→技术进步→创新绩效”传导路径，而中部地区则连最基本的“自主研发→技术进步”子路径都没有实现。反观东、西部地区，虽实现了企业“自主研发→技术进步”子路径，但企业自主研发对技术进步的贡献均不大。由此可见，中国东、中、西各区域企业自主研发对技术进步的影响或是根本不存在，或是偏小。自主研发作为企业内部技术获取的主要依仗方式，体现了企业的技术水平，也是企业参与国际竞争和抢占国际市场的核心竞争力，因此企业必须依靠自身力量形成这种核心竞争力，避免技术受制于人，通过内部技术获取实现企业技术进步，保证路径节点的存在与发展。企业需完成以下三点工作：

（1）树立原始创新意识，开展原始创新活动。原始创新活动能够为企业带来原发性的技术变革或发现，这种技术变革或发现对其竞争对手而言技术壁垒较高，难以被模仿，同时能够切实为企业带来由自主研发产生的技术进步。企业领导者和技术团队需转变管理观念和技术研发思想，树立原始创新意识，依靠企业自身不懈努力进行研发攻关，形成企业核心技术，力争解决制约企业甚至区域和国家发展的核心技术问题，形成具有自主知识产权的关键发现或发明，同时在创新产品市场化过程中取得先发优势。中国东部地区经济发展基础好，对外开放早，技术的自主研发能力相对较高，应带头树立原始创新意识并开展相应的原始创新活动，为中国企业掌握核心技术和参与国际竞争做出贡献。而中部地区出于实现企业"自主研发→技术进步"子路径的需要，也应根据自身技术发展水平，发挥现有优势，有选择地开展原始创新活动。

（2）保证企业技术获取模式中内部技术获取的核心主体地位。虽然对于发展中国家而言，自主研发并不是实现技术进步的唯一方式，后发国家可以同时采用自主研发和技术引进两种手段推进技术进步，但在企业技术获取模式中，内部技术获取应占据核心主体地位，不论是中国东部地区、中部地区，还是西部地区，企业内部技术获取的核心主体地位都应完全确立，不应因开放程度，经济社会发展情况的差异而区别对待。因为企业的外部技术获取活动和外部技术消化、吸收、改造活动都是以企业自身技术研发能力为基础的，自身不具备一定技术自主研发能力的企业，缺少对技术本身及技术环境的分析判断能力，没有吸引技术合作伙伴的软、硬实力，不可能进行有效的外部技术获取，更不可能完全习得外部技术并进行外部技术的二次创新。

（3）对内部技术获取取得的成果进行总结、凝练和深入挖掘。企业希望通过进行技术获取行为，开展自主研发活动，取得自身技术水平的进步。但在实际的技术创新或生产经营活动中，企业往往在创新绩效的最终形式，即创新的经济绩效实现后，就忽视了对内部技术的持续研发，陷入了长期利用一种或几种内部技术获取成果的循环中，一旦这种技术步入生命周期的衰退期，才开始开展新的技术获取行为。若此时企业对技术的知识积累尚存，那么仍存在继续进行内部技术研发的可能；若此时企业对技术了解已与现实需求有较大差距，加之技术成本、技术风险等多方面考虑，则会选择外部技术获取，由此便形成了自主研发能力的流失，自然不会带来由内部技术自主研发导致的技术进步。因此企业需树立危机意识和技术紧迫感，实时对内部技术获取取得的成果进行总结、凝练和深入挖掘，利用对技术的充分了解与掌握，对技术进行二次甚至多次创新，主动创造新知识，获取新技术。

2. 通过改变粗放的内部 R&D 投入方式，实现技术进步对创新绩效影响的显著性

中国东、西部地区虽然实现了企业“自主研发→技术进步”子路径，但并未实现企业“自主研发→技术进步→创新绩效”传导路径的完整传导路径，且其原因相同：技术进步并未带来创新绩效的提升。由此可见，中国绝大部分区域虽实现了技术进步，但仍在依靠粗放的内部 R&D 经费投入带动创新绩效的提升，并未实现技术进步在企业内部技术获取与创新绩效间的中介效应，并未发挥技术进步作为路径节点的重要作用。因此，企业首先是要对内部 R&D 资金投入进行合理规划，制定完整预算，监控内部 R&D 资金的使用情况，调整 R&D 经费投入结构，提高 R&D 资金使用效率，增加基础研究经费支出，提高核心技术人员和团队的薪酬待遇。其次是要充分利用现有技术，在内部技术研发成功后转变观念，视自身为该领域或行业中的技术领导企业，寻求广泛的技术合作与技术交流，提升企业技术地位，进行新产品、新工艺和新技术的输出，实现技术的商业价值。最后还需保持技术进步对创新绩效影响的持续性，进行持续不间断的内部技术研发，保护其技术地位，以便吸引更多的技术模仿创新企业参与到技术合作中来。

7.3.2　外部技术获取提升创新绩效传导路径实现的保障措施

经检验发现中国东、中、西部地区企业技术进步在外部技术获取和创新绩效关系中的中介效应具有明显的区域差异，东、中、西部地区企业外部技术获取提升创新绩效的传导路径存在区域异质。其中东部地区企业“国外技术引进→技术进步→创新绩效”传导路径存在，但企业“国内技术购买→技术进步→创新绩效”传导路径缺失，缺失原因为国内技术购买虽造成了东部地区企业的技术进步，但这些企业并未通过技术进步提升其自身的创新绩效，即“技术进步→创新绩效”子路径缺失。中部地区的情

况与东部地区恰好相反，这一地区企业“国内技术购买→技术进步→创新绩效”传导路径存在，但“国外技术引进→技术进步→创新绩效”路径缺失。而西部地区企业的情况最不为乐观，“国外技术引进→技术进步→创新绩效”传导路径与“国内技术购买→技术进步→创新绩效”传导路径均缺失，该地区企业对外部技术的利用存在较大问题。由此可见，中国不同区域企业在利用外部技术时，应结合自身特点，发挥区域比较优势，选择利于企业自身发展的外部技术获取方式。

东部地区企业应进一步增强利用国外先进技术的能力。中国东部地区多为改革开放的最早收益区，创新型企业和高新技术企业集聚，技术市场开放程度高，招商引资能力强，在长期的对外开放和外向型经济发展过程中利于国际先进技术外溢和技术交流的良好氛围，这都有利于东部地区进行国外先进技术引进，并通过由此带来的技术进步实现创新绩效的提升。同时，由于中国东部地区技术能力水平明显高于中、西部地区，仅将企业边界对国内技术市场开放并不足以获取其自身需求强烈的先进技术。因此，东部地区应发挥区域比较优势，通过积极的国际技术交流，获取先进的国外技术，提升自身技术水平，实现技术进步，成为全国范围内境外技术交流的先行区域，形成区域国际竞争力，为提升中国企业发挥后发优势和进行技术赶超贡献力量。

中部地区企业利用外部技术应循序渐进。中国中部地区经济发展程度，经济开放度和技术能力水平虽没有东部地区优势强大，但却明显优于西部地区。因此，中部地区虽利用国外技术的资质禀赋与东部地区有差距，却可借助地处联接中国东、西部地区的重要地理位置优势，进行循序渐进的外部技术获取，即首先选择对其自身而言更易吸收的国内技术，减少由技术势差过大而造成的外部技术消化吸收不便，在逐渐缩小技术势差的基础上，再有选择地进行国外技术获取，逐层逐步地实现企业“技术获取→技术进步→创新绩效”的传导路径。

西部地区企业应转变思想，克服多重技术环境困难，开展技术交流。虽然随着西部大开发等战略的实施与推进，中国广大西部地区的人民生活水平和经济社会发展有了长足进步，但与东、中部地区相比，西部地区地理环境闭塞，创新意识不强，技术交流不便，自身技术能力欠缺，因此在进行外部技术获取是存在诸多困难。西部地区企业首先要转变思想，在经济全球化和知识经济快速发展的时代背景下树立创新意识和技术危机意识，克服人才短缺、资金不足等具体困难，进行高层次人才引进，寻求多渠道的R&D资金，特别是外部技术获取资金注入，在机遇与困境并存的复杂技术环境中开展技术交流。同时，着力提升经济发展水平较高的西部地区区域中心城市，如重庆、成都和西安的技术市场外向度，让一部分城市和区域在外部技术获取中首先脱颖而出，进而带动周边城市进行外部技术获取，形成辐射效应。

7.3.3　外部技术二次创新提升创新绩效传导路径实现的保障措施

经检验发现，中国除西部地区外的其他各区域企业技术进步在外部技术二次创新和创新绩效关系中的中介效应均显著，企业“外部技术二次创新→技术进步→创新绩效”的传导路径存在。这表明相较于机械性的外部技术获取，对外部获取技术的二次创新在实现企业技术进步并进一步提升其创新绩效的过程中作用更为明显。因此，不论是已经实现这一传导路径的东、中部地区企业还是尚未实现这一传导路径的西部地区企业，都应在外部技术获取后持续开展对外部技术的学习，进行外部技术的消化、吸收和改造，深入挖掘根植于外部技术中的知识与技术，尤其是根植于体现性外部技术内部的隐性知识，提升外部技术二次创新对企业技术进步的贡献强度，提升企业技术进步在外部技术二次创新和创新绩效间的中介效应比重。企业必须完整完成企业外部技术获取的全过程。

企业技术获取是企业为追求技术能力提升，创新绩效提升和经济效益增长而进行的技术研发、引进、购买和二次创新活动。目前国内外学者对技术获取的分类基本都限于内部技术获取和外部技术获取两大类。但从企业技术获取的终点来看，外部技术获取完成是终于对外部技术的掌握与习得，并不是终于外部技术的购买与引进；从实证结果上看，企业外部技术二次创新对技术进步均产生了正向影响，大部分区域企业外部技术二次创新通过技术进步进而提升创新绩效的逻辑路径最为清晰。由此可见，完整的企业外部技术、获取活动包括完成对外部技术的二次创新。因为不论企业采取何种外部技术获取方式从外部技术源获取技术以达到提升自身创新绩效的目的，若在外部技术获取后，直接依靠此外部技术进行新产品研发或新工艺推广，确实是可获得短期创新绩效和经济效益的提升。但从长期来看，一旦该技术进入生命周期衰退期，由于企业在外部技术获取时并未完成二次创新活动，其对技术的持续应用受阻，技术被市场淘汰后企业要继续盈利只能再次搜寻外部技术源，完成新一轮的外部技术获取，重复前一次外部技术获取的不完整过程。久而久之就步入了“落后——引进——再落后——再引进”的误区。但若是企业在外部技术获取后针对该技术进行消化、吸收和二次创新，在该技术进入生命周期衰退期，即将被市场用户淘汰时，企业可利用该技术的衍生技术进行新一轮新产品开发或新工艺推广。同时，由于企业在外部技术二次创新过程中提升了自身研发水平，一旦该外部技术的衍生技术也难以满足市场需求，企业或是可直接利用已积累的知识和技术，进行技术 R&D 活动；或是选择进行新一轮外部技术获取，针对新技术展开更深入的研究与挖掘，进一步提升自身技术能力。由此也就避免了进行长期的模仿创新，为企业提供了摆脱技术跟随者角色，成为技术领导企业的机会。

7.4 风险预警实现的保障措施

在企业技术获取提升创新绩效的过程中会出现技术封闭风险、技术依赖风险和技术结构风险这三大类风险。其中技术封闭风险主要是指技术封闭强度风险；而技术依赖风险又可进一步分为技术依赖强度风险和技术依赖方式风险。规避企业技术获取提升创新绩效的各类技术风险是保障企业技术获取提升创新绩效机制得以实现的重要环节，通过技术风险的规避，企业完成了技术获取提升创新绩效机制的反馈过程，使系统进一步完善和发展。

7.4.1 技术封闭强度风险与技术依赖强度风险规避实现的保障措施

1. 正确认识技术封闭强度与技术依赖强度

（1）技术封闭强度与技术依赖强度是相对的。技术封闭强度反映了企业通过内部技术获取提升创新绩效过程中对自主研发的依靠程度；而技术依赖强度反映了企业通过外部技术获取提升创新绩效的过程中对外部技术的依靠程度。一个企业可能存在的技术封闭强度与技术依赖强度具有代表性组合情况为：低技术封闭强度的同时低技术依赖强度；低技术封闭强度的同时高技术依赖强度；高技术封闭强度的同时低技术依赖强度；高技术封闭强度的同时高技术依赖强度。在企业进行技术封闭强度与技术依赖强度风险识别时，不能单一依据某一技术技术风险，对企业的技术风险作出片面判断。例如，高技术封闭强度并不代企业在技术获取中没有开放组织边界进行有效的外部技术获取，这是因为高技术封闭强度的同时高技术依赖强度这一情况的存在，这种情况可理解为企业在大力进行内部技术研发的同时，开放组织边界进行了广泛的外部技术获取，实现了技术源的多样化，通过多种渠道获取对企业发展有利的相关技术。

（2）对技术封闭强度与技术依赖强度的风险规避不仅是相对的，同时还是迭代的。企业在对自身技术封闭强度与技术依赖强度拥有清晰认识后，需对企业目前面临的技术风险和可能存在的次生风险、演化风险进行规避。由于技术封闭强度与技术依赖强度的相对性，也就造成了企业对技术封闭强度与技术依赖强度风险规避的相对性。例如若企业处于低技术封闭强度的同时处于低技术依赖强度的情形中，则代表企业既没有重视内部技术研发也没有重视外部技术获取，企业的技术创新活动开展情况整体不佳；为解决这一问题，企业应就应开展更广泛和深入的内部技术研发，提升自主创新能力，同时开放组织边界，寻求外部技术源合作。但若是企业处于低技术封闭强度的同时处于高技术依赖强度的情形中，则企业很可能存在技术封闭强度风险，此时需进一步考察技术依赖方式，确定技术依赖强度是否确实存在。对技术封闭强度与技术依赖强度的风险规避是迭代的表现在企业在平衡技术封闭强度与技术依赖强度，规避技术封闭强度风险与技术依赖强度风险时，进行着往复多次的尝试性改变。例如若企业处于高技术封闭强度的同时处于低技术依赖强度的情形中，企业应首先积极开放组织边界，与外部组织进行技术交流，提升外部技术获取能力和依靠外部技术提升自身创新绩效的能力；一轮外部技术获取尝试结束后对企业现阶段的技术封闭强度与技术依赖强度再次评估，若达到了高技术封闭强度的同时处于高技术依赖强度则表示企业这一轮外部技术获取尝试成功，但大部分情况下企业需要多次尝试才能够达到这种效果，因此企业对技术封闭强度与技术依赖强度的风险规避是多次的、迭代的。

2. 实现企业技术获取模式多样化

避免出现技术封闭强度风险与技术依赖强度风险的最佳方式就是实现企业技术获取模式的多样化。在企业技术获取提升创新绩效的机制中，企业技术获取模式多样化的表现形式是企业拥有高技术封闭强度的同时保持了高技术依赖强度。

在经济全球化和知识经济背景下，企业谋求长远发展必须以自身一定的技术能力水平为基础，开展自主创新活动；同时进行充分的知识技术交流以了解技术市场和竞争对手的情况。因此企业必须实现技术获取模式的多样化，在拥有内部技术获取实力的基础上，进行外部技术获取活动，使两者在提升自身创新绩效的过程中发挥各自的作用。这规避了由于技术外向度不足导致的技术封闭强度风险，同时也避免了由自主研发能力不足导致的技术依赖强度风险。为此，企业需统筹兼顾两方面的问题：一是通过人才培养、引进，R&D 资金投入，外部技术二次创新等多种方式提升企业的自主创新能力，组建优秀的技术团队，攻克阻碍企业发展的关键技术问题。二是通过外部技术交流，获取先进技术，用以补充企业自主研发能力的不足，缩小技术势差，加快技术追赶步伐，实现后发优势。

7.4.2 技术依赖方式风险规避实现的保障措施

在对技术依赖风险的预警中，技术依赖方式的预警应在技术依赖预警完成后随即展开。这是因为技术依赖强度反映了企业依靠外部技术获取提升自身创新绩效的程度，而技术依赖方式则反映了企业对外部技术的消化吸收和二次创新能力。仅对外部技术进行购买引进，机械性依赖外部技术提升企业创新绩效并不符合企业长久发展的利益出发点，但若能够在对外部技术进行消化吸收和二次创新的基础上大力获取外部技术则能够提升企业的自主研发能力，甚至进而形成技术核心竞争力，是值得鼓励和推广的。规避技术依赖方式风险是指规避企业外部技术获取过程中大量采取外部技术获取行为，但并未对获取的外部技术进行消化吸收和二次创新的风险，是规避外部技术的机械性依赖的风险。

具体来讲，企业规避技术依赖方式风险要求其进行外部技术获取必须以自身技术消化吸收能力为基础。未经过自身技术消化吸收能力评估而武断地进行大量的外部技术获取，将会造成大量处于生命周期成长期末期或成熟期的技术囤积于企业，但由于企业并不具备对这些技术的消化吸收能力，多直接将其应用于提升创新绩效的技术创新活动或新产品生产中，这就造成了高技术依赖强度同时不合理技术依赖方式情形的存在，企业很容易走入长期依赖外部技术或进行简单模仿创新的误区。因此企业必须拥有外部技术的消化吸收和二次创新能力，并以此为基础开展外部技术获取互动，在内部技术研发不足以满足企业技术需求，必须依靠外部技术获取提升创新绩效和经济利益的情况下，力争实现高技术依赖强度的同时实现合理的技术依赖方式。对技术消化吸收能力较强的企业而言，应在技术依赖方式风险较小的情况下大力推进企业外部技术获取活动；而对于技术消化吸收能力较弱的企业来说，则应在外部技术获取中首先选择技术壁垒较低，企业学习和掌握困难程度较小的技术进行尝试性获取，在拥有了一定的技术消化吸收能力之后再尝试全面开展外部技术获取活动。

7.4.3　技术结构风险规避实现的保障措施

企业在实现多渠道技术获取后，均拥有具有自身特点的差异化技术结构，这体现在企业内部技术、外部技术和外部技术二次创新对其创新绩效的影响与贡献上。优化企业技术结构，避免技术结构风险是企业保有技术核心竞争力，维护技术源伙伴互利共赢合作关系的必然要求。

1. 正确区分企业技术结构中内外部技术获取的技术类型

（1）从保护企业技术地位的视角看，企业应通过内部技术源或属于非直接竞争对手的外部技术源获取核心技术。企业在选择内外部技术源和进行内外部技术获取时，应视不同的技术类型选择不同的技术获取模式，以实现多渠道差异化技术获取。核心技术影响着企业的技术核心竞争力，是企业自身区别于其他企业的最重要技术特性，保证了企业在技术市场竞争中的独有竞争优势。因此企业应在自身技术能力允许的前提下，通过内部技术获取，进行自主研发以实现对核心技术的掌握，并独自承担技术成本与研发风险。在自身技术能力有所欠缺的情况下，可选择外部技术源获取核心技术，但应尽量选择从非直接竞争对手处获取，如学、研方，因为竞争对手出于对自身技术地位的保护，在对竞争对手进行核心技术输出时会有所保留或设置障碍，这也就阻碍了企业核心技术的获取，造成了企业外部技术获取的失败。

（2）从企业技术能力与技术需求的矛盾，和企业发挥后发优势的视角看，企业应通过外部技术源获取超出自身研发水平的技术。对超出企业技术研发水平，已对企业发展形成技术瓶颈的技术，企业应选择在较短时间内进行外部技术获取，以解决企业技术能力与技术需求的矛盾，发挥技术领域的后发优势，实现对技术领导企业的追赶甚至超越。但企业在以此为基础进行外部技术获取时需注意两点问题。一是必须对出于此目的进行的外部技术获取进行深入的消化吸收，实现二次创新。因为只有通过二次创新才能逐步化解这种能力与需求的矛盾，避免矛盾的冲突升级，避免进行长期的模仿创新。二是必须正视外部技术获取中的边际效应。因为出于对技术的迫切需求，企业往往会对初次的外部技术获取带来的创新绩效的显著提升印象深刻，并由此开展针对此项技术的消化吸收与二次创新；但对后续获取外部技术对创新绩效的提升效果感知欠深刻，由此忽视了对后续外部技术获取的消化吸收与二次创新。这种边际效应的递减会阻碍企业的持续技术学习，不利于企业的长远发展。

2. 适当控制外部技术获取比重，避免外部技术对内部技术的结构性挤出

外部技术相对内部技术具有一定的特性优势，同时在企业技术获取结构中扮演着重要的角色。但自主创新能力，特别是原始创新是企业在知识经济快速发展的今天所必须具备的核心能力；同时由于企业的技术创新活动也都基本在企业自身熟悉的一个或几个领域展开，技术的相似性造成了外部技术对内部技术的结构性挤出；另外企业出于提升经济利益的目的，在外部技术获取中快速实现经济效应后，也会愈发地偏向于进行“事半功倍”的外部技术获取。因此企业应适当控制外部技术获取比重，避免外部技术对内部技术的结构性挤出，保证内部技术获取在企业所涉及的关键技术领域占有相当比重，重点规避技术依赖风险。特别是对包括中国在内的众多发展中国家而言，提升企业的技术自主研发能力，尤其是关键核心技术的自主研发能力是当务之急。企业开展技术创新活动时利用发达国家先进技术能够解决一部分技术难题，但长期高比重利用外部技术，特别是在技术核心领域利用外部技术，缺少对外部技术的消化吸收，是对企业，甚至国家自主创新能力的强大冲击。先进外部技术也是一把“双刃剑”。

3. 由外部技术源获取内部技术源的互补技术，解决内外部技术结构性问题

出于对企业内部自主研发水平的提升和自主创新能力的保护，企业必须重点开展内部技术获取行为；但由于企业技术能力与技术需求的矛盾，企业又势必实施外部技术获取战略。针对不同类型技术选择技术获取模式，组成合理的技术结构，规避技术结构风险是一种有效方法；利用技术的互补性，实现内外部技术获取的协同发展也是一种可行方式。企业在掌握关系到其发展命脉的关键核心技术后，可对该技术的互补技术开展广泛的外部获取，形成强大的技术组合力量，使核心技术发展成为能够长期有效提升企业创新绩效的完整技术系统。企业通过获取内部技术源的互补技术，形成了多渠道技术获取模式，扩宽了技术应用领域与应用前景，增加了潜在客户，同时也避免了核心技术受制于人，保有了技术的核心竞争力，解决了内外部技术结构性问题。

7.5　本章小结

本章提出了保障中国企业技术获取提升创新绩效机制实现的措施。从企业技术获取系统耗散结构实现和企业技术源选择过程实现两方面提出了保证技术源选择实现的具体措施；从技术源协同发展及其与创新绩效互动关系实现的视角提出了保证技术源协同实现的具体措施；从企业内部技术获取提升创新绩效的传导路径，企业外部技术获取提升创新绩效的传导路径和企业外部技术二次创新提升创新绩效的传导路径三个方面提出了保证路径传导实现的具体措施；从技术封闭（依赖）强度风险规避、技术依赖方式风险规避和技术结构风险规避三方面提出了保证风险预警实现的具体措施。

结　　论

在梳理和总结国内外关于企业技术获取、创新绩效等相关研究的基础上，从系统观的视角出发构建了企业技术获取提升创新绩效的机制，并进一步分析了机制的输入、处理、运行、输出和反馈，以此为理论框架展开具体研究和论证。运用 Brusselator 模型、刺激—反应模型、协同度模型、计量经济学方法、模糊集理论、集对分析方法等研究工具，从技术源选择、技术源协同、路径传导、风险预警四个方面对中国企业技术获取提升创新绩效的机制问题进行系统论述。依据研究结果提出了保障中国企业技术获取提升创新绩效机制实现的具体措施。本书的主要结论有：

1. 界定了相关概念，构建了企业技术获取提升创新绩效的机制框架。企业技术获取是企业为追求技术能力提升和经济效益增长而进行的技术研发、引进、购买和二次创新活动。企业创新绩效的内涵可从以下两方面进行详细刻画：一是企业从事技术研发活动带来的技术变革形成的阶段性创新绩效，二是企业付出技术创新成本之后实现的经济收益，即创新的商业价值转化实现的创新绩效的最终形式。企业技术获取提升创新绩效的机制是企业通过内外部技术源搜寻，实现内外部技术源协同，形成技术获取提升创新绩效的特有传导路径，并对可能存在的风险进行识别和规避的多阶段过程和多要素作用方式，主要包括技术源选择、技术源协同、路径传导和风险预警，分别对应机制的输入、处理、运行、输出和反馈。

2. 对企业技术获取提升创新绩效的技术源选择进行了两方面研究：一是企业技术获取活动实现的前提是企业技术获取系统具有耗散结构；二是企业技术源选择的过程是一个收集技术源信息，并通过对这些信息的识别和归类，最终作出选择结果的过程。经 Brusselator 模型及其经济学转译验证，中国 30 个省（直辖市、自治区）绝大部分地区企业技术获取系统具有耗散结构，而国外技术获取系统均具有耗散结构。借助刺激—反应模型分析了企业技术源选择过程：企业在技术源选择过程中通过探测器感知技术信息，利用IF/THEN规则集合对技术生命周期、技术需求迫切性、技术风险等主要技术环境因素的筛选与分类，最终经效应器输出技术源选择结果。

3. 对企业技术获取提升创新绩效的技术源协同进行了两方面的研究：一是在确定技术源协同主体角色定位和分析协同机理的基础上，测度了中国企业技术获取提升创新绩效的技术源协同度；二是分别分析了技术源协同与阶段性创新绩效及创新绩效最终形式的关系。研究发现，整体上中国企业技术获取系统各子系统有序度近年间保持了稳步增长的态势，从而导致整个企业技术获取系统处于协同演进状态。企业通过涉及多技术源的广泛官产学研合作，可实现由多渠道的技术获取带来的企业技术累计绩效（阶段性创新绩效）的显著提升；而企业新产品产值增加所带来的经济收益（创新绩效的最终形式）促使企业追加了新一轮价值循环中的技术获取投资，逐步平衡了企业内外部技术获取模式的分布，使得这种分布在逻辑上更为合理。但中国企业技术价值循环中仍欠缺技术商业化这一重要环节，这也说明中国企业对外部技术源提供的技术所进行的消化吸收和二次创新能力不足。

4. 对以技术进步为关键路径节点的企业技术获取提升创新绩效的路径传导进行了研究。结合国内外对企业技术获取、技术进步和创新绩效的现有研究成果，从企业技术获取提升创新绩效的逻辑顺序出发，视技术进步为其中关键的路径节点。运用GMM模型和Sobel检验分析了中国企业技术获取提升创新绩效的传导路径存在或缺失情况，发现中国企业不同技术获取模式经技术进步这一关键节点提升创新绩效的传导路径并不完全存在，尤其是在西部地区四条主要传导路径全部缺失。企业二次创新活动，尤其是针对对体现性技术引进而进行技术学习，是技术进步的重要来源，而通过此种方式实现的技术进步，会对企业创新绩效的提升产生巨大的推动作用。

5. 对企业技术获取提升创新绩效的风险识别、演化和预警进行了研究。企业技术获取提升创新绩效的风险主要包括技术封闭风险、技术依赖风险和技术结构风险。采用模糊集理论和集对分析方法对中国企业封闭风险、技术依赖风险和技术结构风险及其演化趋势进行预警和风险排列，发现中国企业技术获取提升创新绩效的技术风险主要是：机械依赖国外技术，对国外引进技术的消化吸收和二次创新能力不足。我国企业需进一步加强对国外先进技术的消化吸收，实现外部技术创造性依赖并提升自主创新能力。

6. 从中国企业技术获取系统耗散结构、技术源选择过程、技术源协同发展、技术源协同与创新绩效互动关系、路径节点、完整路径、技术封闭风险规避、技术依赖风险规避、技术结构风险规避实现等多个方面提出了保证机制实现的具体措施。

参考文献

[1] 经济合作与发展组织．以知识为基础的经济［M］．杨宏进，薛澜，译．北京：机械工业出版社，1997：1.

[2] 杜义飞，王建刚，杨振华．资源双依赖背景下后发企业技术获取行为：购买还是模仿？［J］．管理工程学报，2018，32（4）：9-19.

[3] Lin B W. Technology transfer as technological learning：A source of competitive advantage for firms with limited R&D resources［J］. R&D Management，2003，33（3）：327-341.

[4] 程石磊，王能民，汪应洛．基于区域创新系统的企业创新决策模型研究［J］．研究与发展管理，2007，19（2）：26-33.

[5] 朱海就．区域创新能力评估的指标体系研究［J］．科研管理，2004，25（3）：30-35.

[6] Asheim B T，Isaksen A. Regional innovation systems：The integration of local 'sticky' and global 'ubiquitous' knowledge［J］. The Journal of Technology Transfer，2002，27（1）：77-86.

[7] Edgington D W. Firms，governments and innovation in the Chukyo region of Japan［J］. Urban Studies，1999，36（2）：305-339.

[8] 方一兵，范旭．基于区域创新系统的大学与企业之间知识互动关系的实证研究［J］．研究与发展管理，2008，20（1）：110-117.

[9] Maskell P，Malmberg A. The competitiveness of firms and regions 'ubiquitification' and the importance of localized learning［J］. European Urban and Regional Studies January，1999，6（1）：9-25.

[10] 王晓珍，邹鸿辉．产业政策对风电企业创新绩效的作用机制分析——基于时滞和区域创新环境的考量［J］．研究与发展管理，2018，30

(2): 33 - 45.

[11] 张永安，耿喆，李晨光，王燕妮．区域科技创新政策对企业创新绩效的影响效率研究［J］．科学学与科学技术管理，2016，37（8）：82 - 92.

[12] 王鹏飞，石林芬．基于因子分析的大中型工业企业区域创新能力评价研究［J］．科技管理研究，2008（5）：113 - 115.

[13] 周立，吴玉鸣．中国区域创新能力：因素分析与聚类研究——兼论区域创新能力综合评价的因素分析替代方法［J］．中国软科学，2006（8）：96 - 103.

[14] 魏守华，吴贵生，吕新雷．区域创新能力的影响因素——兼评我国创新能力的地区差距［J］．中国软科学，2010（9）：76 - 85.

[15] Beneito P. Choosing among alternative technological strategies: An empirical analysis of formal sources of innovation [J]. Research Policy, 2003, 32 (4): 693 - 713.

[16] 何庆丰，陈武，王学军．直接人力资本投入、R&D 投入与创新绩效的关系——基于我国科技活动面板数据的实证研究［J］．技术经济，2009，28（4）：1 - 9.

[17] Erickson G, Jacobson R. Gaining comparative advantage through discretionary expenditures: The returns to R&D and advertising [J]. Management Science, 1992, 38 (9): 1264 - 1279.

[18] 曹兴，邱伟星．跨界搜索对企业创新绩效作用的实证研究［J］．系统工程，2019，37（5）：1 - 11.

[19] 赵文红，梁巧转．技术获取方式与企业绩效的关系研究［J］．科学学研究，2010，28（5）：741 - 746.

[20] Deeds D L, Hill C W L. Strategic alliances and the rate of new product development: An empirical study of entrepreneurial biotechnology firms [J]. Journal of Business Venturing, 1996, 11 (1): 41 - 55.

[21] Tsai Kuen - Hung, Wang Jiann - Chyuan. External technology acquisition and firm performance: A longitudinal study [J]. Journal of Business Venturing, 2008, 23 (1): 91 - 112.

[22] 程源，高建．企业外部技术获取：机理与案例分析［J］．科学学与

科学技术管理，2005（1）：43－47.

［23］迈克尔·波特．竞争优势［M］．陈小悦，译．北京：华夏出版社，2005.

［24］Cho H D，Lee J K. The developmental path of networking capability of catch－up players in Korea's semiconductor industry［J］．R&D Management，2003，33（4）：411－423.

［25］Alp N，Alp B，Omurtag Y. Technology acquisition and utilization model（TAUM）［J］．Computers & Industrial Engineering，1997：33（1－2）：7－10.

［26］Ford D. Develop your technology strategy［J］．Long Range Planning，1988，21（5）：85－95.

［27］Duysters G，Hagedoorn J. Core competencies and company performance in the worldwide computer industry［J］．Journal of High Technology Management Research，2000，11（1）：75－91.

［28］Lambe C J，Spekman R E. Alliances，external technology acquisition，and discontinuous technological change［J］．Journal of Product Innovation Management，1997，14（2）：102－116.

［29］Gulati R. Alliances and networks［J］．Strategic Management Journal，1998，19（4）：293－317.

［30］Lieberman M B，Montgomery D B. First－mover（dis）advantages：Retrospective and link with the resource－based view［J］．Strategic Management Journal，1998，19（12）：1111－1125.

［31］童书兴．论我国企业建立和提升高技术能力的途径［J］．国际技术经济研究，2001，4（4）：28－34.

［32］崔雪松，王玲．企业技术获取的方式及选择依据［J］．科学学与科学技术管理，2005（2）：35－40.

［33］周小云，黄立峰．中小企业技术获取的制度分析［J］．价值工程，2004（1）：25－28.

［34］Lanctot A，Swan K S. Technology acquisition strategy in an internationally competitive environment［J］．Journal of International Management，2000，6（3）：187－215.

[35] Cho D H, Yu P – II. Influential factors in the choice of technology acquisition mode: An empirical analysis of small and medium size firms in the Korean telecommunication industry [J]. Technovation, 2000, 20 (12): 691 – 704.

[36] Auster, E. The relationship of industry evolution to patterns of technological linkages, joint ventures, and direct investment between U. S. and Japan [J]. Management Seience, 1992, 38 (6): 319 – 332.

[37] Cainarea G, Colombo M. Mariotti S. Agerements between firms and the technological lifecycle model: Evidence fom information technologies [J]. Reseaerh Poliey, 1992, 21: 45 – 62.

[38] Tyler B, Steensma H. Evaluating technological collaborative opportunities: Acognitive modeling Perspeetive [J]. Strategie Management Journal, 1995, 16: 43 – 70.

[39] Teece D J. Profiting from technological innovation: Implications for integration, collaboration, licensing and public policy [J]. Research Policy, 1986, 15 (6): 285 – 305.

[40] I. Kim Wang, Russell Seidle. The degree of technological innovation: A demand heterogeneity perspective [J]. Technological Forecasting & Social Change, 2017, 125: 166 – 177.

[41] 浦根祥，周志豪．从技术生命周期看企业“技术机会”选择 [J]. 自然辩证法研究，1998，14 (6): 48 – 50.

[42] 彭新敏，姚丽婷．机会窗口、动态能力与后发企业的技术追赶 [J]. 科学学与科学技术管理，2019，40 (6): 68 – 82.

[43] Chiesa V, Manzini R. Organizing for technological collaborations: A managerial perspective [J]. R&D Management, 1998, 28 (3): 199 – 212.

[44] Veugelers R Cassiman B. Make and buy in innovation strategies: Evidence from Belgian manufacturing firms [J]. Reseaerh Policy, 1999, 28 (1): 63 – 80.

[45] Jones G K, JR. A L, Teegen H J. Determinants and performance impacts of external technology acquisition [J]. Journal of Business Venturing, 2001, 16 (3): 255 – 283.

[46] 王碧珺，李冉，张明．成本压力、吸收能力与技术获取型 OFDI [J]．世界经济，2018，41（4）：99－123.

[47] Nelson R R，Winter S G. An evolutionary theory of economic change [M]. Cambridge，Mass，London：The Belknap Press of Harvard University Press，1982.

[48] Walker G，Weber D. Supplier competition，uncertainty，and make－or－buy decisionssupplier competition，uncertainty，and make－or－buy decisions [J]. The Academy of Management Journal，1987，30（3）：589－596.

[49] 于长宏，原毅军．企业规模、技术获取模式与 R&；D 结构 [J]．科学学研究，2017，35（10）：1527－1535.

[50] Dussauge P，Hart S. Srtategic technology mangaement [M]. Singapoer：John Wiley & Sons，1992：94.

[51] Roussel P A，Saad K M，Erickson T J. Third generation R&D：Managing the link to corporate strategy [M]. New York：Harvard Business School Press，1991.

[52] Tidd J，Trewhella M J. Organizational and technological antecedents for knowledge acquisition and learning [J]. R&D Management，1997，27（4）：359－375.

[53] Song X，Michael T J，Xie J H. The impact of cross－functional joint involvement across product development stages：An exploratory study [J]. The Journal of Product Innovation Management，1998，15（4）：289－303.

[54] Lowe J，Taylor P. R&D and technology purchase through license agreements：Complementary strategies and complementary assets [J]. R&D Management，1998，28（4）：263－278.

[55] Dodgosn，M. Technologial collaboration in industry：Strategy，policy and internationalization in innovation [M]. London：Routledge，1993.

[56] Narayanan K. Technology acquisition，de－regulation and competitiveness：A study of Indian automobile industry [J]. Research Policy，1998，27（2）：215－228.

[57] Kiyota K, Okazaki T. Foreign technology acquisition policy and firm performance in Japan, 1957 – 1970: Micro – aspects of industrial policy [J]. International Journal of Industrial Organization, 2005, 23 (7 – 8): 563 – 586.

[58] Lee J. Technology imports and R&D efforts of Korean manufacturing firms [J]. Journal of Development Economics, 1996, 50 (1): 197 – 210.

[59] Aggarwal A. Deregulation, technology imports and in house R&D efforts: An analysis of the Indian experience [J]. Research Policy, 2000, 29 (9): 1081 – 1093.

[60] 李正卫，池仁勇，Millman C. 技术引进和出口贸易对自主研发的影响——浙江高技术产业的实证研究 [J]. 科学学研究，2010，28 (10): 1495 – 1501.

[61] 朱承亮. R&D 两面性、技术引进与汽车产业生产率增长 [J]. 科学学研究，2014，32 (8): 1174 – 1180.

[62] Freeman C, Soete L. The economics of industrial innovation [M]. Cambridge, MA: MIT Press, 1997.

[63] Chang C, Robin S. Doing R&D and/or importing technologies: The critical importance of firm size in Taiwan ' s manufacturing industries [J]. Review of Industrial Organization, 2006, 29 (3): 253 – 278.

[64] Cassiman B, Veugelers R. In search of complementarity in innovation strategy: Internal R&D and external knowledge acquisition [J]. Management Science, 2006, 52 (1): 68 – 82.

[65] 李磊. 技术引进与 R&D 的关联机制研究——以上海市大中型工业企业为例 [J]. 南开管理评论，2007，10 (3): 70 – 76.

[66] 孙建，吴利萍，齐建国. 技术引进与自主创新：替代或互补 [J]. 科学学研究，2009，27 (1): 133 – 138.

[67] 徐欣. 企业自主研发与技术引进的协同—平衡效应——基于中国上市公司的实证分析 [J]. 经济管理，2013，35 (7): 47 – 55.

[68] Flowers S. Organizational capabilities and technology acquisition: Why firms know less than they buy [J]. Industrial and Corporate Change,

2007, 16 (3): 317 -346.

[69] Wagner M. Acquisition as a means for external technology sourcing: complementary, substitutive or both? [J] Journal of Engineering and Technology Management, 2011, 28 (4): 283 -299.

[70] 陈劲. 从技术引进到自主创新的学习模式 [J]. 科研管理, 1994, 15 (2): 32 -34, 31.

[71] 谢富纪. 中国企业从技术获取到自主研发的模式研究 [J]. 科研管理, 2004, 25 (Z): 88 -92.

[72] 陈侃翔等. 新兴市场技术获取型跨国并购的逆向学习机制 [J]. 科学学研究, 2018, 36 (6): 1048 -1057.

[73] Carayannis E G, Alexander J M, Ioannidis A. Leveraging knowledge, learning, and innovation in forming strategic government - university - industry (GUI) R&D partnerships in the US, Germany, and France [J]. Technovation, 2000, 20 (9): 477 -488.

[74] Yuko A H. Industry - university cooperation to take on here from [J]. Research Institute of Economy, Trade and Industry, 2002 (4): 42 -49.

[75] 杨东升, 张永安. 冲突分析理论在产学研合作中的应用 [J]. 研究与发展管理, 2007, 19 (6): 134 -138.

[76] Dosi G, Nelson R R. An introduction to evolutionary theories in economics [J]. Journal of Evolutionary Economics, 1994, 4 (3): 153 -172.

[77] Cohen W M, Nelson R R, Walsh J P. Links and impacts: the influence of public research on industrial R&D [J]. Management Science, 2002, 48 (1): 1 -23.

[78] Wright M, Clarysse B, Lockett A, Knockaert M, . Mid - range universities' linkages with industry: Knowledge types and the role of intermediaries [J]. Research Policy, 2008, 37 (8): 1205 -1223.

[79] 薛捷, 张振刚. 基于"官产学研"合作的产业共性技术创新平台研究 [J]. 工业技术经济, 2006, 25 (12): 109 -112.

[80] 李柏洲, 罗小芳, 张赟. 产学研合作型企业原始创新中知识生产机制——基于高新技术行业企业的实证研究 [J]. 管理评论, 2014,

26 (7): 82 - 91.

[81] 李梓涵昕，朱桂龙．产学研合作中的主体差异性对知识转移的影响研究 [J]. 科学学研究，2019，37 (2): 320 - 328.

[82] March J G. Exploration and exploration in organizational learning [J]. Organization Science, 1991, 2 (1): 71 - 87.

[83] Clark G L, Tracey P. Global competitiveness and innovation [M]. Basingstoke: Palgrave Macmillan, 2004.

[84] 朱涛．产业集群内企业之间合作创新的理论分析 [J]. 经济经纬，2007，(3): 88 - 90.

[85] 罗炜，唐元虎．企业能力差异与合作创新动机 [J]. 预测，2001，20 (3): 20 - 23.

[86] 贾晓霞，周溪召．合作创新企业间知识转移障碍因素识别与对策研究 [J]. 科学管理研究，2007，25 (1): 61 - 64.

[87] 高宇，高山行，沈灏．合作方技术获取对企业绩效的作用机制研究 [J]. 科研管理，2011，32 (9): 108 - 116.

[88] Romano R E. Aspects of R&D subsidization [J]. The Quarterly Journal of Economics, 1989, 104 (4): 863 - 873.

[89] Hinloopen J. Subsidizing cooperative and noncooperative R&D in duopoly with spillovers [J]. Journal of Economics, 1997, 66 (2): 151 - 175.

[90] 张秀峰，陈光华，海本禄．融资约束、政府补贴与产学研合作创新绩效 [J]. 科学学研究，2019，37 (8): 1529 - 1536.

[91] 胡景岩．政府宏观政策在吸收外国直接投资与技术引进中的作用 [J]. 世界经济与政治，2002 (10): 66 - 71.

[92] 曹霞，于娟．基于政府治理的产学研创新联盟稳定性研究 [J]. 系统管理学报，2017，26 (5): 916 - 925.

[93] 高建，汪剑飞，魏平．企业技术创新绩效指标：现状、问题和新概念模型 [J]. 科研管理，2004，25 (Z): 14 - 22.

[94] 马宁，官建成．影响我国工业企业技术创新绩效的关键因素 [J]. 科学学与科学技术管理，2000，21 (3): 16 - 20.

[95] 刘顺忠，官建成．区域创新系统创新绩效的评价 [J]. 中国管理科学，2002，10 (1): 76 - 79.

［96］单红梅．企业技术创新绩效的综合模糊评价及其应用［J］．科研管理，2002，23（6）：120－124．

［97］官建成，刘顺忠．区域创新机构对创新绩效影响的研究［J］．科学学研究，2003，21（2）：210－214．

［98］袁鹏，陈圻，胡荣．我国区域创新绩效动态变化的 Malmquist 指数分析［J］．科学学与科学技术管理，2007（1）：44－49．

［99］李兴宽，向刚，章胜平．基于粗糙集的企业持续创新绩效评价研究［J］．技术经济与管理研究，2010（3）：31－35．

［100］刘志迎，郭磊，周志翔．基于多系统 DEA 模型的技术创新绩效省际比较研究［J］．研究与发展管理，2012，24（5）：90－99．

［101］Laursen K. The importance of sectoral differences in the application of complementary HRM practices for innovation performance［J］. International Journal of the Economics of Business，2002，9（1）：139－156.

［102］Laursen K，Foss N J. New human resource management practices，complementarities and the impact on innovation performance［J］. Cambridge Journal of Economics，2003，27（2）：243－263.

［103］杨建君，刘刃，马婷．变革型领导风格影响技术创新绩效的实证研究［J］．科研管理，2009，30（2）：94－101．

［104］徐奕红，赵红岩，陈文杰．企业互动学习与创新绩效关系的实证研究［J］．预测，2019，38（5）：16－22．

［105］Ahuja G，Katila R. Technological acquisitions and the innovation performance of acquiring firms：A longitudinal study［J］. Strategic Management Journal，2001，22（3）：197－220.

［106］Frenz M，Gillies G I. The impact on innovation performance of different sources of knowledge：Evidence from the UK community innovation survey［J］. Research Policy，2009，38（7）：1125－1135.

［107］严焰，池仁勇．R&D 投入、技术获取模式与企业创新绩效——基于浙江省高技术企业的实证［J］．科研管理，2013，34（5）：48－55．

［108］Fosfuri A，Tribó J A. Exploring the antecedents of potential absorptive capacity and its impact on innovation performance［J］. Omega，2008，36（2）：173－187.

[109] ChenY S, Lin M J, Chang C H. The positive effects of relationship learning and absorptive capacity on innovation performance and competitive advantage in industrial markets [J]. Industrial Marketing Management, 2009, 38 (2): 152 - 158.

[110] Tsai K H. Collaborative networks and product innovation performance: Toward a contingency perspective [J]. Research Policy, 2009, 38 (5): 765 - 778.

[111] 司月芳，刘婉昕，曹贤忠．外部知识源异质性对企业工艺和产品创新绩效的影响研究［J］．工业技术经济，2019，38（11）：77 - 85.

[112] Azar G, Ciabuschi F. Organizational Innovation, Technological Innovation, and Export Performance: The Effects of Innovation Radicalness and Extensiveness [J]. International Business Review, 2017, 26 (2): 324 - 336.

[113] 张根明，张曼宁．知识转移视角下企业联盟管理能力对创新绩效的影响研究［J］．科技管理研究，2019，39（20）：221 - 227.

[114] 郭韬，丁小洲，任雪娇．制度环境、商业模式与创新绩效的关系研究——基于系统动力学的仿真分析［J］．管理评论，2019，31（9）：193 - 206.

[115] Luca D, Mario L, Gima A K. Market knowledge dimensions and cross - functional collaboration: Examining the different routes to product innovation performance [J]. Journal of Marketing, 2007, 71 (1): 95 - 112.

[116] 陈钰芬，陈劲．开放度对企业技术创新绩效的影响［J］．科学学研究，2008，26（2）：419 - 426.

[117] 闫华红，廉英麒，田德录．政府补助与税收优惠哪个更能促进企业创新绩效［J］．中国科技论坛，2019（9）：40 - 48.

[118] Sampson R C. R&D Alliances and firm performance: The impact of technological diversity and alliance organization on innovation [J]. The Academy of Management Journal, 2007, 50 (2): 364 - 386.

[119] Berchicci L. Towards an open R&D system: Internal R&D investment, external knowledge acquisition and innovative performance [J]. Research Policy, 2013, 42 (1): 117 - 127.

[120] Torvinen P, Podmetina D, Väätänen J, Hinkkanen JJ. External technology acquisition in Russian firms [J]. International Journal of Procurement Management, 2014, 7 (3): 257 -278.

[121] 王元地，胡锐峰，杜红平. 外部技术获取下企业技术能力提升研究——基于技术国别属性视角 [J]. 情报杂志，2017，36 (1): 201 -207.

[122] 陈朝月，许治. 企业外部技术获取模式与企业创新绩效之间的关系探究 [J]. 科学学与科学技术管理，2018，39 (1): 143 -153.

[123] 道格拉斯 C. 诺思. 经济史上的结构与变迁 [M]. 厉以平译，商务印书馆：北京，1992：160.

[124] 魏江，许庆瑞. 企业技术创新机制的概念、内容和模式 [J]. 科学学与科学技术管理，1994，15 (11): 4 -7.

[125] 李榕. 技术创新机制研究 [J]. 东北大学学报 (社会科学版)，2006，8 (3): 175 -178.

[126] Leach N P, Makatsoris C, Richards H D. Supply chain control: Trade - offs and system requirements. [J]. Human Systems Management, 1997, 16 (3): 159 -169.

[127] Bianconi G, Barabasi A. Competition and multiscaling in evolving networks [J]. Europhysics Letters, 2001, 54 (4): 436 - 442.

[128] 方润生. 企业非正式制度下创新行为的形成机制 [J]. 科技进步与对策，2004 (6): 42 -44.

[129] 党兴华，王幼林. 技术创新网络中核心企业合作伙伴选择过程研究 [J]. 科学学与科学技术管理，2007 (1): 139 -144.

[130] 李柏洲，罗小芳. 企业原始创新中学研合作伙伴的选择——基于影响因素及其作用路径视角的分析 [J]. 科学学研究，2013，31 (3): 437 -445.

[131] Serrano V, Fischer T. Collaborative innovation in ubiquitous systems [J]. International manufacturing, 2007, 18 (5): 599 -615.

[132] 陈劲，王方瑞. 中国企业技术和市场协同创新机制初探——基于“环境—管理—创新不确定性”的变量相关分析 [J]. 科学学研究，2006，24 (4): 629 -634.

[133] 杜兰英，陈鑫．政产学研用协同创新机理与模式研究——以中小企业为例［J］．科技进步与对策，2012，29（22）：103－107.

[134] 范群林，邵云飞，尹守军．企业内外部协同创新网络形成机制——基于中国东方汽轮机有限公司的案例研究［J］．科学学研究，2014，32（10）：1569－1579.

[135] 岳清唐．企业技术创新运行机制的三回路模式［J］．科学学与科学技术管理，1991，12（12）：8－14.

[136] 郗永勤．企业技术创新的有效运行机制与途径［J］．科学学与科学技术管理，2002（4）：32－36.

[137] 洪勇，李英敏．自主创新的政策传导机制研究［J］．科学学研究，2012，30（3）：449－457.

[138] 尹志锋，叶静怡，黄阳华，秦雪征．知识产权保护与企业创新：传导机制及其检验［J］．世界经济，2013（12）：111－129.

[139] 苏屹，姜雪松．高技术企业云创新系统构成主体与运行过程研究［J］．科研管理，2013，34（Z）：144－147.

[140] Anderson S W，Christ M H，Sedatole K L. Managing strategic alliance risk：Survey evidence of control practices in collaborativeinter－organizational settings［J］. Journal of Business Research，2006（6）：74－76.

[141] Bergmann R，Friedl G. Controlling innovative projects with moral hazard and asymmetric information［J］Research Policy，2008，37（9）：1504－1514.

[142] 洪进 ，汤书昆．企业技术创新过程中的风险问题研究［J］．科学学与科学技术管理，2003（3）：31－33.

[143] 周寄中，薛刚．技术创新风险管理的分类与识别［J］．科学学研究，2002，20（2）：221－224.

[144] 马文斌．企业合作技术创新的利益分配模型［J］．统计与决策，2008（22）：65－67.

[145] 吴杨，李晓强，夏迪．沟通管理在科研团队知识创新过程中的反馈机制研究［J］．科技进步与对策，2012，29（1）：7－10.

[146] Spencer J W. Firms' knowledge－sharing strategies in the global innovation system：Empirical evidence from the flat panel display industry

[J]. Strategic Management Journal, 2003, 24 (3): 217 -233.
[147] 吴勤堂. 企业技术联盟及其风险分析 [J]. 财贸经济, 2003 (1): 89 -91 +97.
[148] Hobday M. Innovation in east Asia: The challenge to Japan [M]. Aldershot: Edward Elgar: 1995.
[149] 郭熙保, 张进铭. 论发展中国家的后发障碍与后发优势 [J]. 经济评论, 2000 (5): 80 -82.
[150] 何国勇, 徐长生. 比较优势、后发优势与中国新型工业化道路 [J]. 经济学家, 2004 (5): 16 -22.
[151] 肖利平. 后发优势、吸收能力与追赶型增长的区域差异 [J]. 中国软科学, 2010 (1): 60 -66.
[152] 陈劲. 创新聚集——产业创新手册 [M]. 北京: 清华大学出版社, 2000.
[153] 朱承亮, 师萍, 岳宏志. FDI、人力资本及其结构与研发创新效率 [J]. 科学学与科学技术管理, 2011, 32 (9): 37 -42, 50.
[154] Griliches Z. Issues in assessing the contribution of R&D to productivity growth [J]. Bell Journal of Economics 1979, 10 (1): 92 -116.
[155] 李柏洲, 李新. 我国大型企业原始创新的动力中介路径搜寻 [J]. 科技进步与对策, 2015, 32 (6): 85 -92.
[156] 王鹏, 张剑波. 外商直接投资、官产学研合作与区域创新产出——基于我国十三省市面板数据的实证研究 [J]. 经济学家, 2013 (1): 58 -66.
[157] 马胜杰. 企业技术创新能力及其评价指标体系 [J]. 数量经济技术经济研究, 2002 (1) 2: 5 -8.
[158] 支军, 王忠辉. 自主创新能力测度理论与评估指标体系构建 [J]. 管理世界, 2007 (5): 168 -169.
[159] 张军, 吴桂英, 张吉鹏. 中国省际物质资本存量估算: 1952—2000 [J]. 经济研究, 2004 (10): 35 -44.
[160] 何郁冰. 企业技术创新的系统观及启示 [J]. 系统科学学报, 2008, 16 (2): 75 -80.
[161] 李新男. 创新“产学研结合”组织模式 构建产业技术创新战略联

盟 [J]. 中国软科学, 2007 (5): 9-12.

[162] 毕克新, 孙德花. 基于复合系统协调度模型的制造业企业产品创新与工艺创新协同发展实证研究 [J]. 中国软科学, 2010 (9): 156-162, 192.

[163] 郭京京, 吴晓波. 产业集群的演进: 二次创新和组织学习 [J]. 科学学研究, 2008, 26 (6): 1310-1315.

[164] 李光泗, 朱丽莉. 引进技术二次创新内生系统分析 [J]. 科研管理, 2010, 31 (2): 50-56.

[165] Ehie I C, Olibe K. The effect of R&D investment on firm value: An examination of US manufacturing and service industries [J]. International Journal of Production Economics, 2010, 128 (1): 127-135.

[166] 孙文杰, 沈坤荣. 技术引进与中国企业的自主创新: 基于分位数回归模型的经验研究 [J]. 世界经济, 2007 (11): 32-43.

[167] 何佳, 曾勇. 技术创新速度对新技术购买行为的影响——两代未来创新的情况 [J]. 管理科学学报, 2003, 6 (1): 13-19.

[168] 白以言, 续超前. 促进技术引进与国内科研相结合的对策 [J]. 科学学研究, 1987, 5 (4): 47-56.

[169] 李平, 宫旭红, 齐丹丹. 中国最优知识产权保护区间研究——基于自主研发及国际技术引进的视角 [J]. 南开经济研究, 2013 (3): 123-138.

[170] Keller, W. Are international R&D spillovers trade-related?: Analyzing spillovers among randomly matched trade partners [J]. European Economic Review, 1998, 42 (8): 1469-1481.

[171] Keller, W. Trade and the transmission of technology [J]. Journal of Economic Growth, 2002, 7 (1): 5-24.

[172] 李向东, 李南. 基于物元可拓分析的高新技术产业安全研究 [J]. 科学学与科学技术管理, 2009 (2): 142-147.

[173] Love J H, Roper S. Location and network effects on innovation success: Evidence for UK, German and Irish manufacturing plants [J]. Research Policy, 2001, 30 (4): 643-661.

[174] Jirjahn U, Kraft K. Do Spillovers Stimulate Incremental or Drastic Prod-

uct Innovations? Evidence from German Establishment Data [J]. Oxford Bulletin of Economics and Statistics, 2011, 73 (4): 509 -538.

[175] 张光磊，刘善仕，申红艳. 组织结构、知识转移渠道与研发团队创新绩效——基于高新技术企业的实证研究 [J]. 科学学研究，2011，29 (8): 1198 -1206.

[176] 疏礼兵. 企业研发团队内部技术知识转移的过程机理与途径研究 [J]. 管理学报，2012，9 (2): 219 -224.

[177] 刘炜，马文聪，樊霞. 产学研合作与企业内部研发的互动关系研究——基于企业技术能力演化的视角 [J]. 科学学研究，2012，30 (12): 1853 -1861.

[178] 陈国宏，邵赟. 我国技术引进与产业结构关系的实证研究 [J]. 中国软科学，2001 (2): 43 -47.

[179] 朱爱辉，黄瑞华. 因果模糊性、可占有程度与技术获取方式的关系研究 [J]. 情报杂志，2011，30 (12): 83 -89，42.

[180] 王玉，翟青，王丽霞，王丹. 自主创新路径及技术并购后价值链整合——上海电气集团收购日本秋山印刷机械公司案例分析 [J]. 管理现代化，2007 (3): 38 -41.

[181] 王安宇，司春林，骆品亮. 研发外包中的关系契约 [J]. 科研管理，2006，27 (6): 103 -108.

[182] 孙艳. 技术创新与战略技术联盟——我国中小企业增强 R&D 能力的分析 [J]. 科研管理，2002，23 (1): 12 -16.

[183] 李纪珍. 研究开发合作的原因与组织 [J]. 科研管理，2000，21 (1): 106 -112.

[184] 王乃静. 基于技术引进、消化吸收的企业自主创新路径探析——以潍柴动力股份有限公司自主创新经验为例 [J]. 中国软科学，2007 (4): 15 -23.

[185] 吴运建，周良毅，吴健中，董斌. 企业技术创新风险分析 [J]. 科研管理，1996，17 (3): 34 -38.

[186] 毛荐其，霍保世. 技术创新风险与评估 [J]. 数量经济技术经济研究，2002 (2): 28 -31.

[187] 余志良，张平，区毅勇. 技术整合的概念、作用与过程管理 [J].

科学学与科学技术管理，2003（3）：38－40.
[188] 尼科里斯，普里戈金．探索复杂性［M］．曾庆宏，沈小峰，译．成都：四川教育出版社，1992.
[189] 任佩瑜，张莉，宋勇．基于复杂性科学的管理熵、管理耗散结构理论及其在企业组织与决策中的作用［J］．管理世界，2001（6）：142－147.
[190] 普里戈金，斯唐热．从混沌到有序［M］．曾庆宏，译．上海：上海译文出版社，2005.
[191] 汤正仁．耗散结构论的经济发展观［J］．经济评论，2002（2）：32－35.
[192] Niclis G, Prigogine I. Self－organization in non－equilibrium system [M]. New York: Wiley, 1968.
[193] Tyson J. The belousov－zhabotinskii reaction [C]. Heidelberg: Springer－Verlag: Lecture Notes in Biomathematics, 1976: 10.
[194] Schneider F W. Periodic perturbations of chemical oscillators: Experiments [J]. Annual Review of Physical Chemistry, 1985, 36: 347－378.
[195] 魏遥．基于 Brusselator 模型的产融集团生成机制研究［J］．管理评论，2010，22（8）：39－44.
[196] 郑准，余亚军，王国顺．战略性新兴产业内企业联盟网络的演化机理——基于耗散结构论的视角［J］．财经科学，2012（6）：54－61.
[197] 李新，李柏洲，苏屹．基于 Brusselator 模型的我国企业技术获取系统耗散结构研究［J］．科技进步与对策，2016，33（20）：91－96.
[198] 苏屹．耗散结构理论视角下大中型企业技术创新研究［J］．管理工程学报，2013，27（2）：107－114.
[199] Holland J H. Hidden order: How adaptation builds complexity [M]. New York: Basic Books, 1995.
[200] 田钢，张永安，兰卫国．基于刺激—反应模型的集群创新网络形成机理研究［J］．管理评论，2009，21（7）：49－55.
[201] 孙冰，袭希，姚洪涛，贾公园．技术在环境中适应性演化的“刺激—反应”三层模型研究——基于 Kene 的仿真探索［J］．科学学

与科学技术管理，2013，34（4）：19－27.

[202] 王小磊，杨育，曾强，梁学栋．客户协同创新的复杂性及主体刺激——反应模型［J］．科学学研究，2009，27（11）：1729－1735.

[203] 吴伟伟，于渤，吴冲．基于技术生命周期的企业技术管理能力评价研究［J］．科学学与科学技术管理，2012，33（5）：115－121.

[204] Koschatzky K. Networking and knowledge transfer between research and industry in transition countries: Empirical evidence from the slovenian innovation system [J]. The Journal of Technology Transfer, 2002, 27 (1): 27－38.

[205] 刘彦．日本以企业为创新主体的产学研制度研究［J］．科学学与科学技术管理，2007（2）：36－42.

[206] Wheelwright S C, Clark K B. Revolutionizing New product development: Quantum leaps in speed, efficiency and quality [M]. New York: Free Press, 1992.

[207] Ettlie J, Stoll H W. Managing the design－manufacturing process [M]. New York: McGraw－Hill, 1990.

[208] Karmarkar U S. Integrative research in marketing and operations management [J]. Journal of Marketing Research, 1996, 33 (2): 125－133.

[209] Fyvie C, Ager A. NGOs and innovation: Organizational characteristics and constraints in development assistance work in the gambia [J]. World Development, 1999, 27 (8): 1383－1395.

[210] 马俊如．核心技术与核心竞争力——探讨企业为核心的产学研结合［J］．中国软科学，2005（7）：4－6.

[211] 许庆瑞，朱凌，王方瑞．从研发—营销的整合到技术创新—市场创新的协同［J］．科研管理，2006，27（2）：22－30.

[212] 原毅军，任焕焕，吕萃婕．中外企业技术联盟的技术转移模式选择——基于产学研联盟介入的视角［J］．研究与发展管理，2012，24（1）：18－25.

[213] 嵇忆虹，吴伟，朱庆华．产学研合作的利益分配方式分析［J］．研究与发展管理，1999，11（1）：36－38.

[214] Freem an C. Technology and economic performance: Lessons from Japan

[M]. London: Printer Publish, 1987.
[215] 庄涛，吴洪．基于专利数据的我国官产学研三螺旋测度研究——兼论政府在产学研合作中的作用［J］. 管理世界，2013，(8)：175-176.
[216] 李文鹏，孙林杰，谢刚．借鉴国际经验 透视我国政府在中小企业产学研中的作用［J］. 研究与发展管理，2005，17（4）：67-71.
[217] 张丽立．产学研合作中企业与高校全面合作模式探讨［J］. 研究与发展管理，1998，10（3）：15-18.
[218] 丁云龙，孙冬柏．"政产学研用"一体化 打造产业技术研究院［J］. 中国高校科技，2012（3）：20-23.
[219] Bonte W, Keilbach M. Concubinage or marriage? Informal and formal cooperations for innovation [J]. International Journal of Industrial Organization, 2005, (3-4): 279-302.
[220] 马廷奇．产学研合作与创新人才培养［J］. 中国高等教育，2011（6）：44-46.
[221] 杨友文，叶敏．高校在产学研合作中的地位与作用［J］. 研究与发展管理，2002，14（4）：81-84.
[222] 仲伟俊，梅姝娥，谢园园．产学研合作技术创新模式分析［J］. 中国软科学，2009（8）：174-181.
[223] 王英俊，丁堃．"官产学研"型虚拟研发组织的结构模式及管理对策［J］. 科学学与科学技术管理，2004（1）：40-43.
[224] 胡恩华．产学研合作创新中问题及对策研究［J］. 研究与发展管理，2002，14（1）：54-57.
[225] 张在群．政府引导下的产学研协同创新机制研究［D］. 大连理工大学，2013：39-40.
[226] 李廉水．深化产学研联合的障碍分析［J］. 中国科技论坛，1995（4）：22-25.
[227] 何建昆．"产学研"发展亟须法规监管［N］. 科技日报，2009-3-9（10）.
[228] 夏天阳．发达国家促进产学研合作的法规机制［J］. 交通高教研究，1998（3）：122-124.
[229] 代中强．实际知识产权保护、模仿创新与自主创新［J］. 经济评

论，2010（6）：85－97.

［230］郭将．从自主创新到模仿创新：符合中国实际的选择［J］．经济问题，2009（12）：14－16.

［231］李廉水．论产学研合作创新的组织方式［J］．科研管理，1998，19（1）：31－35.

［232］周静珍，万玉刚，高静．我国产学研合作创新的模式研究［J］．科技进步与对策，2005（3）：70－72.

［233］王文岩，孙福全，申强．产学研合作模式的分类、特征及选择［J］．中国科技论坛，2008（5）：37－40.

［234］云龙，江旭，刘衡．战略柔性、原始性创新与企业竞争力——组织合法性的调节作用［J］．科学学研究，2013，31（3）：446－455.

［235］Synergetics H H. Instruction and advanced topics［M］. Berlin：Springer，2004：24－45.

［236］刁晓纯，苏敬勤．基于序参量识别的产业生态网络演进方式研究［J］．科学学研究，2008，26（3）：506－510.

［237］贺灵，单汨源，邱建华．创新网络要素及其协同对科技创新绩效的影响研究［J］．管理评论，2012，24（8）：58－68.

［238］刘小斌，罗建强，韩玉启．产学研协同的技术创新扩散模式研究［J］．科学学与科学技术管理，2008（12）：48－52.

［239］蒋石梅，张爱国，孟宪礼，张旭军．产业集群产学研协同创新机制——基于保定市新能源及输变电产业集群的案例研究［J］．科学学研究，2012，30（2）：207－212.

［240］Edwards T. Innovation and organizational change：Developments towards an interactive process perspective［J］. Technology Analysis & Strategic Management，2002，12（4）：445－465.

［241］刘志迎，谭敏．纵向视角下中国技术转移系统演变的协同度研究——基于复合系统协同度模型的测度［J］．科学学研究，2012，30（4）：534－542，533.

［242］张昕，李廉水．制造业聚集、知识溢出与区域创新绩效——以我国医药、电子及通讯设备制造业为例的实证研究［J］．数量经济技术经济研究，2007（8）：35－43，89.

[243] Guan J C, Gao X. Exploring the h – index at patent level [J]. Journal of the American Society for Information Science and Technology 2009, 60 (1): 35 –40.

[244] 曹勇，苏凤娇．高技术产业技术创新投入对创新绩效影响的实证研究——基于全产业及其下属五大行业面板数据的比较分析 [J]．科研管理，2012，33 (9)：22 –31.

[245] 陈劲，陈钰芬．企业技术创新绩效评价指标体系研究 [J]．科学学与科学技术管理，2006 (3)：86 –91.

[246] 李新，李柏洲，赵健宇．产学研合作视角下企业技术获取协同及其与创新绩效的关系研究 [J]．运筹与管理，2017，26 (7)：183 –192.

[247] Desai A V. The origin and direction of industrial R&D in India [J]. Research Policy, 1980, 9 (1): 74 – 96

[248] 林毅夫，张鹏飞．后发优势、技术引进和落后国家的经济增长 [J]．经济学（季刊），2005，5 (1)：53 –74.

[249] 江小涓，李蕊．FDI 对中国工业增长和技术进步的贡献 [J]．中国工业经济，2002，172 (7)：5 –16.

[250] 徐涛．引进 FDI 与中国技术进步 [J]．世界经济，2003 (10)：22 – 27.

[251] Kumar N, Aggarwal A. Liberalization, outward orientation and in – house R&D activity of multinational and local firms: A quantitative exploration for Indian manufacturing [J]. Research Policy, 2005, 34 (4): 441 –460.

[252] Zahra S A, George G. Absorptive capacity: A review, reconceptualization, and extension [J]. Academy of Management Review, 2002, 27 (2): 185 –203.

[253] 储德银，张同斌．自主研发、技术引进与高新技术产业成长 [J]．科研管理，2013，34 (11)：53 –60.

[254] 约瑟夫·熊彼特．经济发展理论 [M]．北京：商务印书馆，1990：73 –74.

[255] 李柏洲，罗小芳．大型企业技术进步推动自主创新的实证研究 [J]．科研管理，2013，34 (1)：85 –93.

［256］金雪军，欧朝敏，李杨．全要素生产率、技术引进与 R&D 投入［J］．科学学研究，2006，24（5）：702－705.

［257］Solow R M. Technical change and the aggregate production function［J］. The Review of Economics and Statistics，1957，39（3）：312－320.

［258］朱勇，吴易风．技术进步与经济的内生增长——新增长理论发展述评［J］．中国社会科学，1999（1）：21－39.

［259］Arrow K J. The Economic implication of learning by doing［J］. Review of Economic Studies，1962，29（3）：155－173.

［260］Romer P M. Increasing returns and long－run growth［J］. Journal of Political Economy，1986，94（5）：1002－1037.

［261］Robert E. Lucas Jr. On the mechanics of economic development［J］. Journal of Monetary Economics，1998，22（1）：3－42.

［262］徐瑛，陈秀山，刘凤良．中国技术进步贡献率的度量与分解［J］．经济研究，2006（8）：93－103，128.

［263］张国初．技术进步对就业水平的影响［J］．管理评论，2003，15（1）：21－26，37.

［264］陈勇，唐朱昌．中国工业的技术选择与技术进步：1985—2003［J］．经济研究，2006，（9）：50－61.

［265］Fare R，Grosskopf S，Lindgren B，Roos P. Productivity changes in swedish pharmacies 1980－1989：A non－parametric malmquist approach［J］. Journal of Productivity Analysis，1992，3（1－2）：85－101.

［266］李柏洲，李新．技术进步触发创新产出的强度性与结构性区域异质研究［J］．科技进步与对策，2014，31（18）：32－39.

［267］颜鹏飞，王兵．技术效率、技术进步与生产率增长：基于 DEA 的实证分析［J］．经济研究，2004（12）：55－65.

［268］温忠麟，侯杰泰，张雷．调节效应与中介效应的比较和应用［J］．心理学报，2005，02：268－274.

［269］温忠麟，张雷，侯杰泰，刘红云．中介效应检验程序及其应用［J］．心理学报，2004，36（5）：614－620.

［270］李柏洲，李新．企业技术获取模式、技术进步与创新产出——基于

技术进步中介效应检验及区域差异对比分析 [J]. 科学学与科学技术管理，2014，35 (11)：161－171.

[271] Jaffe A B. Real effects of academic research [J]. American Economic Review. 1989，79 (5)：957－970.

[272] Romer P M. Endogenous technological change [J]. Journal of Political Economy. 1990，98 (5)：71－102.

[273] 孙早，宋炜. 企业 R&D 投入对产业创新绩效的影响——来自中国制造业的经验证据 [J]. 数量经济技术经济研究，2012 (4)：49－63.

[274] 冯泰文. 生产性服务业的发展对制造业效率的影响——以交易成本和制造成本为中介变量 [J]. 数量经济技术经济研究，2009 (3)：56－65.

[275] 程开明. 城市化、技术创新与经济增长——基于创新中介效应的实证研究 [J]. 统计研究，2009，26 (5)：40－46.

[276] Arellano M，Bover O. Another look at the instrumental variable estimation of error－components models [J]. Journal of Econometrics，1995，68 (1)：29－51.

[277] Blundell R，Bond S. Initial conditions and moment restrictions in dynamic panel data models [J]. Journal of Econometrics，1998，87 (1)：115－143.

[278] 何志勇，陈伟. 基于技术获取目标的海外并购文化风险综合评价研究 [J]. 科技进步与对策，2010，27 (21)：119－123.

[279] 彭新敏，吴晓波，卫冬苇. 基于技术能力增长的企业技术获取模式研究 [J]. 科研管理，2008，29 (3)：28－34，59.

[280] 宋宝香，彭纪生，王玮. 外部技术获取对本土企业技术能力的提升研究 [J]. 科研管理，2011，32 (7)：85－95.

[281] 王鹏，高妍伶俐. 自主研发、技术获取与区域创新能力——基于我国东、中、西部地区大中型工业企业的实证研究 [J]. 工业技术经济，2013，09：79－86.

[282] Park B. Knowledge transfer capacity of multinational enterprises and technology acquisition in international joint ventures [J]. International

Business Review, 2001, 20 (1): 75 -87.

[283] Zadeh L A. Fuzzy sets [J]. Inform and control, 1965, 8 (3) : 338 - 353.

[284] Atanassov K T. Intuitionistic fuzzy sets [J]. Fuzzy Sets and Systems, 1986, 20 (1) : 87 -96.

[285] Ashtiani B, Haghighirad F, Makui A, et al. Extension of fuzzy TOPSIS method based on interval - valued fuzzy sets [J]. Applied Soft Computing, 2009, 9 (2): 457 -461.

[286] Li D F. Linear programming method for MADM with interval - valued intuitionistic fuzzy sets [J]. Expert Systems with Applications, 2010, 37 (8): 5939 -5945.

[287] Nayagam V. L. G, Muralikrishnan S, Sivaraman G. Multi - criteria decision - making method based on interval - valued intuitionistic fuzzy sets [J]. Expert Systems with Applications, 2011, 38 (3): 1464 -1467.

[288] 刘晓，唐辉明，刘瑜．基于集对分析和模糊马尔可夫链的滑坡变形预测新方法研究 [J]. 岩土力学，2009，30 (11): 3399 -3405.

[289] 刘秀梅，赵克勤．基于集对分析联系数的信息不完全直觉模糊多属性决策 [J]. 数学的实践与认识，2010，40 (1): 67 -77.

[290] 赵克勤．基于集对分析的方案评价决策矩阵与应用 [J]. 系统工程，1994，12 (4): 67 -72.

[291] 刘凤朝，潘雄锋，施定国．基于集对分析法的区域自主创新能力评价研究 [J]. 中国软科学，2005，11: 83 -91，106.

[292] 胡信布，袁治平，徐渝．基于集对分析的学习型组织建设成熟度评估研究 [J]. 运筹与管理，2013，22 (1): 126 -131.

[293] 李柏洲，李新．基于集对分析的企业技术依赖预警及其演化趋势测度 [J]. 运筹与管理，2015，24 (2): 262 -271.

[294] 田丹，张米尔．外部技术对装备产品集成创新绩效的影响 [J]. 系统管理学报，2009，18 (6): 644 -648.

[295] 华海岭，高月姣，吴和成．大中型工业企业技术改造和获取投入效率的 DEA 分析 [J]. 科研管理，2011，32 (4): 43 -50.

[296] 吴亭，赵克勤，张清河．偏联系数在投标企业发展趋势分析中的应

用［J］. 数学的实践与认识，2008，38（5）：16－21.
［297］王国平，杨洁，王洪光. 五元联系数在地表水环境质量评价中的应用［J］. 安全与环境学报，2006，6（6）：21－24.
［298］张清河，张云波，赵克勤. 工序作业时间实现可能性的新判定法［J］. 系统工程与电子技术，2003，25（10）：1225－1228.